WHAT IS
NEEDED TO MANAGE
JOB CRAFTING

ジョブ・クラフティングの
マネジメント

Yuta MORINAGA

森永雄太

著

千倉書房

ジョブ・クラフティングのマネジメント

目次

目　次

第Ⅰ部　組織成員が多様化した組織における　　　職務設計の探求

第1章

自律的な職務設計の陥穽 …………………………………………………… 19
──X 社の SE 調査の事例──

第Ⅱ部　ジョブ・クラフティングの マネジメント要因の探求

第5章

ジョブ・クラフティングのマネジメントモデル … 109

第6章

マネジメント要因と ジョブ・クラフティングの関係 …… 129

序章

はじめに

1. 問題意識

　組織が従業員に豊かな仕事を割り当てることは、従業員の仕事のやりがいを引き出すことに結びつくのだろうか。豊かな仕事の設計が必ずしも従業員の仕事のやりがいを引き出せないとしたら、組織はどのようなマネジメントを志向する必要があるのだろうか。本書が取り組むのは、このような古くて新しい問いである。

　この問題を古くから検討してきた経営管理論の職務設計研究では、充実した職務を割り当てることで従業員の仕事に対するやりがいを高められるものと考えてきた（Hackman & Oldham, 1975; 金井，1982；田尾，1987）。充実した職務設計を構成する要因の中でも、特に自律的な職務遂行を可能にする自己裁量の余地を提供することは、従業員の責任感を喚起し、仕事のやりがいを生み出すと考えられてきた。このような自律的な職務設計の動機づけ効果は20世紀後半にかなり実務的にも知られる知見となり、職務の再設計という形で職場にも浸透していったと考えられている。

　一方現在の日本企業で働く従業員の状況を踏まえると、このような職務設計論の知見が必ずしも効果的には実践されていないようである。2010年以降、日本企業で働く従業員のうち仕事に熱意を感じている従業員の割合が低く、国際的に見ても低い水準にある、というコンサルタント会社の調査結果が散見されるようになった[(1)]。また組織の中のメンタルヘルス不調者の動向に注目した調査では、メンタルヘルス不調者の数が増加あるいは横ばい傾向にある企業の割合が、2000年以降高止まりしているという結果が示されている[(2)]。

　ここに本書が注目する古くて新しい問題が見出される。すなわち経営学の先行研究が示してきた職務充実の有効性は、理論的にも実証的にも従業員のやりがいを引き出す有効な論理を提供していると考えられる。しかしながら、現代の日本企業ではその知見に基づいた自律的職務設計が必ずしも従業

員のやりがいに十分に結びついていない。現在の日本企業では、従業員のやりがいを引き出すうえで、どのような課題が生じていて、どのように解消することが求められるのであろうか。

このような問題意識のもと、本書では職務設計プロセスにおける従業員の自己調整行動の重要性とそのような自己調整行動を引き出す組織側のマネジメントの重要性を指摘していく。職務設計研究では、長らく従業員を同質的なものであり、変化しないものと扱ってきた。そして、従業員に適した仕事を組織が「与える」という一方向の職務設計プロセスを想定してきた。その理由は、このように従業員を静的で画一的に扱っていくマネジメントが、かつては効率的で合理的であったからである。しかしそのような十把一絡げの扱いは、従業員が自らの知識を活用して創造性を発揮したり、イノベーションを創出したりすることが求められる時代に適合しなくなってきていると考えられる。組織で働く従業員が多様で異なる価値観を有している組織では、従業員が自らの価値観や強みに応じて自己調整することが必須である。そして、組織にはそのような自己調整を引き出すマネジメントへと転換していくことが求められている。

実際に、近年の先進的な日本企業の調査からは、自律的に働く状況において「全員」の従業員の活力を引き出し戦力化するマネジメントが重要であることが指摘されている。例えば野中・勝見（2015）では、従業員全員が参加意識をもって変化に挑み、革新をもたらしていく「全員参加」のマネジメントの重要性を指摘している。そして全員参加を可能にするための働きかけをミドル・マネジャーだけに求めるのは現実にそぐわないと指摘し、あらゆる階層の従業員が自ら全員参加を可能にするマネジメントを実現していくための役割を担っていくことが求められるようになっていると主張している。

また守島（2021）は、職場における全員を戦力化していくために、マネジメントの方法を転換していくことが重要であると指摘している。具体的には、自律可能な状況の中で自己選択を促すこと、それを実現するために従業員に適した配慮や支援を行っていくというきめ細やかなマネジメントへと転換が求められていることを指摘する。ただしそのようなマネジメントへとミ

ドル・マネジャーが転換することは必ずしも容易ではないため、組織による支援が必要だとも主張する。すなわち組織には、ミドルの役割と取るべき行動を明確にして育成すること、ミドルに管理される側であるフォロワーについてもコストを掛けて育成していくこと、が求められていると主張している。

これらの指摘を踏まえると、現代の日本企業では、フォロワーである従業員自身も、管理する側であるマネジャーも従来とは異なる働き方をすることが求められているといえる。従来の経営管理論では、日本企業の強みとしてミドル・マネジメントを挙げることが多かった（金井，1991；野中・竹内1996）。日本企業のマネジメントにおいてミドルが重要な役割を果たしていることは昔も今も変わらないが、ミドルだけに頼る時代でもなくなってきているといえる。

ここまでの議論をまとめたい。従業員のやりがいが十分に引き出せていない日本企業は古くて新しい課題に直面しているように思える。その原因を一言でいえば、組織成員が多様化し、その多様な価値観や知識を活用することが求められる現状に、マネジメントする側も、される側も、上手に適応できていないためと考えることができる。先駆的な研究によればこれからは、従業員全員が戦力になることを自ら志向して自律的な状況で自発的に働くこと、そのような活躍を促進するための新たなミドル・マネジメントを模索することが求められているようだ。

そこで本書では、現代の日本企業をボトムから活性化し、全員の能力発揮を実現するための従業員行動とそれらを引き出すマネジメントについての実務的示唆に富んだ学術的知見を提供することを目的としていく。

2. 分析視覚

本書では、自律的な職務に従事することは、経営管理論が想定してきたほ

ど単純に従業員の仕事のやりがいに結びつくとは限らないものの、この後説明するジョブ・クラフティングという自発的な自己調整行動を促すことで、上手にやりがいに結びつけることができる、ということを主張していく。加えて、ジョブ・クラフティングは従業員が能動的に行う主体的行動ではあるものの、そのような主体的行動は組織側のマネジメントによって間接的に促すことができることを理論的・実証的に明らかにしていく。

2-1. 自発的行動としてのジョブ・クラフティング

　組織で働く従業員の仕事に対するやりがいをいかに確保するのか、という課題は古くから検討されてきた（Hackman & Oldham, 1975）。そして、その職務は基本的には組織側が設計して与えるものとして位置づけられてきた。しかしながら産業構造の変化に伴いホワイトカラーやサービス業に従事する従業員が増加してくると、自律的な職務遂行が求められる中で従業員が自ら意思決定することが当たり前になってきた（Grote & Guest, 2017; 山下・小川, 2022）。また多様な価値観や知識を保有する従業員が組織で働くようになってきたことで、どのような業務や働き方がそれぞれの従業員にとって最適なのかを組織が一律的に提供することが難しくなってきた（Mitchell, 1997）。そのため一方向的な仕事の割り当ては、従業員と仕事の間の不一致や不適合を生じさせてしまうことが多くなってきた。この問題を解消するためには、従業員が自発的行動を通じて最適な仕事や職務環境を自ら整えること、仕事のやりがいを自ら高めていくこと、も重要だと考えられるようになってきている（Grote & Guest, 2017）。

　詳しくは後の章で説明していくが、上述の問題意識を踏まえて職務設計も組織が一方向的に行われるものから、従業員による自己調整を含んだ双方向的な循環的プロセスとして見なされるべきであると考えられるようになってきた。そして本書が注目するジョブ・クラフティングはそのような従業員による自己調整行動のキー概念と位置づけられている。

　ここでいうジョブ・クラフティングは、「個人が自らの仕事のタスク境界

や関係性の境界においてなす物理的・認知的変化」（Wrzesniewski & Dutton, 2001, p.179）と定義される従業員のプロアクティブ行動の一種である。従業員はジョブ・クラフティングを通じて、自分が担当する仕事の範囲ややり方、仕事に取り組むうえで関わる人間関係に変更を加えることができる。そして結果として、自分が従事する仕事の意味ややりがいを高めることができると考えられている（Tims & Bakker, 2010; Wrzesniewski & Dutton, 2001）。

　例えばディズニーランドには、カストーディアルと呼ばれる職種の従業員（キャスト）がいる。カストーディアルは、パーク内の掃除をすることが組織から与えられた主な役割であるが、中には水にぬれた箒でミッキーを描くことでゲストを楽しませる者もいる（福島, 2010）。もしカストーディアルが、掃除だけを自分の業務だと考えれば、顧客との接点は少なくなり、単調な業務になりがちである。しかし、カストーディアルが自分の役割を、ゲストをもてなし楽しませることと位置づけ、掃除もその手段の1つだと考えれば、それ以外にも自分ができそうなことを自分の役割に取り込んでいくことが可能である。地面に絵を描くことは、顧客との接点が増えたり、自分のセンスや能力を活用する機会を増やしたりすることに繋がる。結果として顧客の満足を引き出せるだけでなく、自身の仕事に対するやりがいを高めることに繋がることもある。

　筆者がこの概念に興味を持つきっかけとなったのは、日本企業で働くあるビジネス・パーソン（T氏）へのインタビューであった。T氏は、筆者がインタビューを行った際に、自分自身がやりがいを感じながら仕事をするためには、ネジ穴の「アソビ」の部分を作っておくこと、「アソビ」の中で自分がやってみたい仕事を進めていくことが大事だ、という趣旨の語りを提供してくれた。

　ここでいうネジ穴の「アソビ」とは、自分が取り組んでいる仕事について上司には報告せずに進められる領域、のことを指している。T氏は、ネジ穴のアソビ部分をなるべく確保し、自分がやっている仕事の中で報告しないで済む部分を残しておくことで、すぐに報告しないで済むからこそできる業務にチャレンジしている、ということであった。

この語りからは、ネジ穴の「アソビ」はそれだけでは仕事の意味を取り戻すことには繋がらないのかもしれないが、アソビを上手に使って自分が面白いと思う仕事を育てることができれば、無意味に思える日々の仕事に彩りを加えることも可能になることを示しているように感じられる[(3)]。

　筆者はこのインタビューをきっかけに当時米国で提唱され、注目を集めはじめていた学術的な概念であるジョブ・クラフティングに注目し、その動機づけ効果について研究を進めてきた（森永, 2009；2010, 森永・鈴木・三矢, 2016）。その後、組織で働く成員の多様性が高まるようになってきたことで、多様な従業員の仕事に対する意欲を高めることや、多様な従業員の違いを活用することが一層注目されるようになってきた。その結果、日本でも多くの研究者がさまざまな書籍でジョブ・クラフティングを取り上げて、その意義や効果について紹介する時代になった（例えば、石山, 2018；岸田, 2022；高尾, 2021；高橋, 2022）。

　本書もジョブ・クラフティングという概念に注目する点はこれらの著作と同様であるが、すでに述べたように職務設計の不適合を解消する行動としてジョブ・クラフティングを位置づけている点に特徴がある。職務設計の不適合は従業員のやりがいを損ねると同時に、従業員がメンタルヘルスの不調に陥りやすい状況をつくることになる。本書では、ジョブ・クラフティングを、組織による職務設計プロセスの一部分と位置づけ、動機づけや仕事のやりがい向上とメンタルヘルス不調を予防するという2つの観点から重要な行動だと位置づけて注目していく。

2-2．ジョブ・クラフティングのマネジメント

　本書のもう1つの特徴は、「従業員による自発的行動であるジョブ・クラフティングを組織がいかに促すのか」という問いに学術的にアプローチしようとする点にある。本書を契機に、ジョブ・クラフティング研究を、ジョブ・クラフティングとはどのような考え方なのかを探求する議論からジョブ・クラフティングをいかに促すのかを探求するマネジメントレベルの議論

へと転換していきたいというのが本書の狙いの１つでもある。

　そのため本書ではジョブ・クラフティングを組織のマネジメントの影響を受ける行動と位置づけたうえでその影響を明らかにしていく。具体的に本書ではマネジメントを人事施策の設計とリーダーシップの発揮という２つの視点で重層的に捉え、その影響を同時に検討していく。

　意外なことであるが、従業員の自発的行動に対するマネジメントの影響を本書のように重層的に検討しようとする研究の知見は手薄である。その理由は、従業員行動に対するリーダーシップの影響を検討しようとする経営管理論あるいは組織行動論の研究と人事施策の影響を検討しようとする人的資源管理論の研究がしばしば分断して蓄積されてきたことにあるだろう。もともと組織行動論は、組織で働く従業員の行動がどのようなメカニズムでもたらされるのかを明らかしていく点に特徴がある学問領域である。しかしながら、学問領域の発展とともに組織の特徴や人事制度といった幅広い状況要因の影響を十分に考慮しなくなっていると批判されるようになってきた（Heath & Sitkin, 2001）。一方、人的資源管理論では人事施策が職場の従業員の職務態度や行動に与える影響については古くから関心を払ってきたものの、職場内での人事施策の実践や管理者の振る舞いが従業員の職務態度や行動に与える影響についての関心は相対的に薄かったといえる。

　これに対して最近では、人事施策と管理者の両方の役割に注目する研究アプローチの重要性が指摘されるようになってきた（坂爪, 2020）。Purcell and Hutchinson（2007）は、人事施策とその成果としての従業員行動との関係を検証するプロセスにおいて、管理者（ライン・マネジャー）の影響が無視されてきたことを問題視している。そしてピープル・マネジメントの枠組みを提示することで、人事施策が従業員行動に影響を与える一連のプロセスで管理者が自社の人事施策を自部門で実践し、その実践に向けて発揮するリーダーシップの影響に注目することの重要性を指摘している。

　そこで本書では、このようなピープル・マネジメント論の枠組みに依拠して、人事施策と管理職によるリーダーシップがジョブ・クラフティングに与える影響について同時に検討していく。

まず人事制度の影響については、異なる2種類の人事制度の影響を検討していく。それは本書が、ジョブ・クラフティングを動機づけややりがいの向上とメンタル不調の予防のそれぞれの視点から見て有益な概念であると位置づけているからである。第1に、従業員の能力開発を促すための人事施策の影響に注目する。組織が人を大事にし、人材に投資しようとする施策を充実させることは、従業員が獲得した能力を積極的に発揮して業績を高めようとする行動を促すだろう（Pffefer, 1998）。本書では、戦略的人的資源管理論の議論を踏まえつつ、従業員の能力を高めようとする施策がジョブ・クラフティングを促すと想定して検討していく。

　第2に、従業員が能力を発揮できるように配慮する施策の影響にも注目していく。産業保健領域の最新研究では、職場で従業員がいきいきと働く状況をつくり出すことは、メンタルヘルス不調を予防するうえで重要であると考えられるようになってきている（川上・小林, 2015）。さらに、その中でジョブ・クラフティングは従業員の仕事に対するやりがいを高めるために従業員が取りうる有効な方策として位置づけられている（島津, 2022）。そこで、従業員がストレスに対処したり、柔軟な働き方を取り入れたりすることを可能にする人事制度を充実させていくことが、従業員が自分の能力や関心に合わせて職務を改変する行動を促すことに結びつくかどうかについても検討していく。すなわち、従業員の健康やウェルビーイングに配慮する人事施策がジョブ・クラフティングを促す効果について検討していく。

　次に管理者のリーダーシップの影響を検討していく（Bindl & Parker, 2011; Wang, Demerouti, & Bakker, 2016）。特に本書では、組織で働く人々と働き方が多様化することを踏まえて、個を尊重し支援していく種類のリーダーシップの影響を検討していく。それは、ジョブ・クラフティングが求められている背景として人材の多様化を想定しているからである。日本国内の人口が減少しつつある局面で組織は人材の多様化や働き方の多様化に直面しており、既存のマネジメントの延長では対応できなくなってきている。その象徴的な課題の1つが従業員のやりがいの低下であろう。本書では、管理者に求められるリーダーシップの1つとしてインクルーシブ・リーダーシップに注目

し、ジョブ・クラフティングに与える影響を検討していく。

　20世紀の後半以降、実証的研究に基づく知見が数多く蓄積されるようになった。精緻な検証を通じた科学的知見から私たちは多くの恩恵を受けてきたが、その一方で反省すべき点も多いように思う。その1つが研究領域の細分化であろう（Grote & Guest, 2017）。本書では、このような反省を踏まえて主に動機づけ効果に注目した経営管理論あるいは組織行動論の職務設計研究にとどまらず、隣接領域である人的資源管理論やストレス研究についても文献レビューを行い、これらの領域の間に横串を通す知見を提供することを目指していく。

3. 本書の構成

　本書は、序章と終章を除くと第1章から第4章に及ぶ第Ⅰ部と第5章から第7章に及ぶ第Ⅱ部の2つに分けることができる（**図序-1**）。

　第Ⅰ部では、「従業員の仕事に対するやりがいを引き出すために、<u>どのように職務設計を行うとよいのか</u>」について検討を行っていく。そして1）自律的な職務に従事することは、経営学が想定してきたほどに単純に従業員の仕事のやりがいに結びつくとは限らないこと、2）ジョブ・クラフティングという自発的な自己調整行動を促すことで、上手にやりがいに結びつけることができると考えられること、を1つの企業調査の結果の記述と既存研究のレビューから主張していく。

　第Ⅱ部では、「<u>自発的行動であるジョブ・クラフティングを組織がどのように促すことができるのか</u>」という問いに対して「組織による人事施策の設計と管理者によるリーダーシップの発揮によって間接的に促すことができる」という主張を先行研究のレビューを通じたジョブ・クラフティングのマネジメントモデルの提示と2つの実証的研究の結果の提示を通じて行ってい

図序 - 1	本書の構成

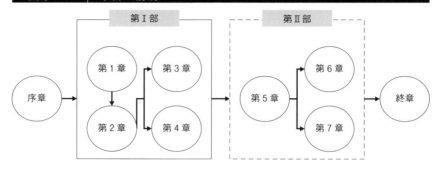

く。

　終章では、第6章と第7章の実証的研究の結果を踏まえながら序章で提示した問題意識に対して考察を加えていく。

4. 本書に期待される貢献

　ジョブ・クラフティングのマネジメントに注目し、その規定要因を明らかにしていく本書の知見は、経営学のいくつかの研究領域に対して新たな視点を提供することが期待できる。まず経営管理論あるいは組織行動論の職務設計研究に対する貢献が考えられる。ジョブ・クラフティングは、長く蓄積されてきた職務設計研究に革新をもたらす最新アプローチの1つに位置づけられている。従来の職務設計研究では、豊かな仕事に従事する従業員の違いや振る舞いを極めて限定的に扱ってきた（Oldham & Fried, 2016）。職務設計研究にジョブ・クラフティングの視点を持ち込むことで、組織から従業員へと一方向的かつ画一的に与えられるものと見なされてきた仕事の割り当てを組織と従業員の間で相互作用を通じて個別化されていく一連のプロセスと位置

づけることを可能にするだろう。

　またこれまでのジョブ・クラフティングの既存研究は、ジョブ・クラフティングの「効果」について多くの知見を提供してきたが、ジョブ・クラフティングを促す要因についての知見は限られている。また数少ない促進要因に関する研究は、個人差要因の影響を指摘することにとどまり、組織的状況の影響を十分に考慮できていないものが多い（Tims et al., 2021）。本書ではマネジメント要因が従業員のジョブ・クラフティングを促す影響を含めて重層的に明らかにすることで、ジョブ・クラフティング研究の知見を拡張するとともに、職務設計のプロセスの中に従業員を上手に巻き込むための実践的な示唆を提供することになる。

　本書でジョブ・クラフティングの促進要因を明らかにすることは、さらに３つの点で関連領域に対する意義がある。第１に、経営管理論に対する貢献が期待できる。ファーストインクワイアリと呼ばれる調査（Mayo, 1933）以来、経営管理論では従業員のウェルビーイングを維持・増進することを通じて組織業績を高めることに関心を持ってきた。そして20世紀後半以降は、従業員のウェルビーイングや仕事生活の質を高めるための中心的取り組みとして職務設計の影響が注目されてきた。本書で提示するジョブ・クラフティングを促すマネジメントは、従業員の仕事に対するやりがいやウェルビーイングを従業員の主体的行動を通じた循環的な職務設計を通じて実現していく（Grote & Guest, 2017）、という新たな観点について実証的知見を提供するものである。

　第２に、人的資源管理論に対する貢献が期待できる。本書では、所属組織の人事制度や上司のリーダーシップが従業員のジョブ・クラフティングに与える影響について明らかにしていく。ジョブ・クラフティングを促すことに対する人事施策やリーダーシップの効果を同時に検討することは、人事施策と管理者のリーダーシップの組み合わせがどのように従業員行動に影響を与えているのかという問い（Leroy, Segers, Van Dierendonck, & Den Hartog, 2018）に対する知見を提供することになるだろう。

　第３に、エビデンスに基づくマネジメントを標榜しようとするマネジメン

ト研究（Rousseau, 2006）への貢献がある。本書は、通常実施されることの多いクロスセクショナルの質問票調査の課題を克服するために、2時点の質問票調査と日誌法を用いた質問票調査を実施する。後者のような調査を通じて従業員行動の個人内変動を考慮した知見を提供する研究は日本の経営学の調査ではいまだ希少である。従業員のジョブ・クラフティング実践に関して、個人内変動を捉えた縦断的データをもとに検討することはジョブ・クラフティング研究の知見の精緻化という貢献とともに、今後のエビデンスの蓄積と活用方法に関する新たな地平を切り開くことになるだろう。

5. 本書が想定する読者

　本書は基本的には理論的志向の強い学術書である。そのため、本書の読者として、まずは経営管理論や人的資源管理論を専門とする研究者を対象として想定している。同時に本書は経営学の先行研究にとどまらず、隣接領域である産業保健や産業組織心理学の知見を足掛かりに従業員の仕事のやりがいの問題に検討を加えている。それは本書が取り上げる資源アプローチのジョブ・クラフティング研究がこれらの領域の研究者によって発展・展開されてきたからである。そのため、ジョブ・クラフティングが組織内でどのように活用されうるのか、マネジメントされうるのかに関心を持つ、産業保健領域の研究者や産業組織心理学の研究者にもお読みいただきたいと考えている。
　また、本書は冒頭で指摘したような実務的な問題意識を解消することも目的としている。したがって、本書で得られた知見は、幾分の実務的な示唆を含むだろう。具体的には、従業員の多様性や自発性を活かしたマネジメントを行いたいと考えている経営陣や、組織の人事部、部下の自発性を引き出したい管理職が対象となるだろう。またポジティブメンタルヘルスを職場で実践したいと考えている健康管理室や産業保健の専門職に対しても、ジョブ・

クラフティングを組織内で強力に浸透させていくための実践的示唆を提供することになるだろう。

(1) 例えば、Gullap 社による State of the Global Workplace: 2022(参考 URL：https://www.gallup.com/workplace/349484/state-of-the-global-workplace-2022-report.aspx?thank-you-report-form=1　2023年3月10日確認)。

(2) 日本生産性本部による第10回「メンタルヘルスの取り組み」に関する企業アンケートの結果（URL：https://www.jpc-net.jp/research/detail/005595.html 2023年3月10日確認）よる。

(3) T 氏は、ジョブ・クラフティングという学術概念を知っていたわけではないだろう。しかし、そのような考え方を知っていようがいまいが、T 氏は確かに職場でジョブ・クラフティング的な行動を実践していたといえる。

第 I 部
組織成員が多様化した
組織における職務設計の探求

概要

　本書の第Ⅰ部では、「組織が従業員の仕事のやりがいを引き出すには、どのような職務設計を行うとよいのか」という古くて新しい問いに答えていく。経営管理論における伝統的な議論では、上述の問いに対して「職務充実」を通じてやりがいを引き出すことができるという回答を提供してきた。しかしながら、現在の多くの日本企業では職務設計論で提示された職務充実や自律的な職務設計を効果的に実践できていない状況にあると考えられる。

　そこで本書の第Ⅰ部では、成員の多様性が高まっている現代の組織では、１）組織が画一的に職務充実を行うことが従業員の仕事やりがいに結びつくとは必ずしも限らないこと、２）従業員の自己調整プロセスを伴う循環的な職務設計を通じて不適合を解消していくことが重要であること、を調査結果から提示するとともに、経営管理論および隣接領域の先行研究をもとに理論的な検討を行っていく。

第1章

自律的な職務設計の陥穽

──X 社の SE 調査の事例──

1. はじめに

　第1章では、序章で述べた本書の問題意識をより実際的に理解していただくために、筆者がX社で実施した調査の結果について紹介していきたい。本章で取り上げるX社は日本のITベンダーである。従業員数は1,000名以上であり、首都圏と関西圏に加えて日本国内に10以上の事業所を持つ中堅規模の事業者と位置づけられる。X社の従業員の中で多数を占めるのがシステム・エンジニア（以下、SE）である。X社にとっては、SEの仕事に対するやりがいを高め、ウェルビーイングを維持することは重要な経営課題であるといえる。

　しかしX社はSEの仕事に対するやりがいを十分に喚起することができずにいた。X社のSEに対して仕事のやりがいを感じている程度を調査した[1]ところ、その平均値は5段階のうちの2.77であり、従業員の3人に1人程度しか仕事にやりがいを感じていないことが分かったのである（**図1-1**）。

　本章では、X社のSEを専門知識を活用して自律的に働くことが求められる現代社会において典型的な従業員と位置づけたうえで、自律的な職務設計の効果と限界、自律的なマネジメントの限界を補完する自発的行動の効果について明らかにしていく。

2. 自律・分散を体現する SEの働き方

　SEは、顧客の要望を上手に取り入れたシステムの設計を行うために専門知識を活用する必要があり、随所で自律的な判断や意思決定が求められる。

図1-1　　仕事にやりがいを感じている従業員の割合

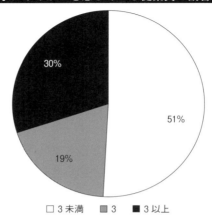

□ 3未満　■ 3　■ 3以上

このような働き方をする SE のパフォーマンスを十分に引き出すために、組織は仕事のやりがいを感じながら、前向きな取り組みを進めることができる職場環境を設計することが重要だと考えられる。しかしながら X 社では、さまざまな工夫にもかかわらず SE の仕事に対するやりがいを十分に高められていなかった。

　従業員の仕事に対するやりがいを高める施策を考えるにあたって X 社の経営陣や人事担当部門を悩ませていた要因として以下の3つが挙げられる。1つ目は、業務に合わせて学び、成長していくことが強く求められるという点であった。SE は顧客の多様な要望に対して IT 技術を駆使して応えていく必要があるため豊富な知識が求められた。このような業務の特徴は、時として従業員のやりがいに結びつくと考えられたが、一方で従業員にとっては負担になることがあることも懸念されていた。

　2つ目は働き方や働く場所の多様性であった。SE は必ずしも X 社の事業所で働いているとは限らず、顧客の事業所に常駐して業務に取り組むものも多い。顧客の事業所で働く形態の中にも、グループや室単位の比較的大人数で常駐するケースもあれば、複数名程度の場合や、場合によって1人だけで常駐しているというようなケースもある。X 社の SE の場合、所属は X 社

であっても働き方は顧客の要望やルールに従わざるを得ない部分もあるなど、自社で必ずしもコントロールできない部分もあった。また上司と異なる勤務地で勤務していることもあり、上司が目の前にいない部下の問題を把握し、仕事のやりがいを感じてもらうために、どのような働きかけをするのが有効なのかについて、有効な手段を見出せずにいるという状況があった。

　3つ目は、プロジェクト単位で仕事に従事することが多いという点である。このことはSEにとって2つのやや異なる影響を与えていた。まず職場の関係性を継続的に形成することを難しくしていた。客先に常駐してプロジェクトを担当している間は、社内の人間との直接的な交流が少なくならざるを得ない。またプロジェクトが終了すると勤務先が変わったり一緒に働くメンバーが交代したりするため、一般的な職種の従業員よりも短い期間で人間関係の再構築が求められる状況にあった。次に、業務のブラックボックス化が生じていると考えられていた。自分がアサインされるより前のプロジェクトについて必ずしも熟知しているわけではないため、今回のプロジェクトの位置づけや自分の役割の重要性があいまいになるということが生じていると考えられていた。

　もちろんこのような業務上の特徴があるSEに対して、X社が何の対策も取らなかったわけではない。むしろX社は、さまざまなマネジメント上の工夫や制度の整備を進めていた。例えば多様な働き方に柔軟に対応できるように仕事に取り組むうえでの裁量の余地は大きく与えられていた。質問票調査の結果からは、仕事を進めるうえでの自律性は、かなり高い程度で与えられていることが分かる。仕事の自律性に関する質問項目（3項目）に対する回答の平均値は、3.70であり、およそ5人に4人は自律的に仕事を進める余地がある程度以上は与えられていると認識していた。

　またX社は社員の学習を促進するため、学習して成長していくことの重要性を強調するとともに、研修体制やキャリアパスを整えていた。そのため経験の豊富な従業員の大半は徐々に仕事に対する自信を獲得していっていたが、相対的に年齢が若く経験が浅い従業員や、昇進・昇格したてで新しい役割を付与されたり、新しい業務に従事することになったりした従業員の場合

は、業務遂行能力に関する自信にばらつきがあった。そして、それが仕事の
やりがいにも影響しているようであった。

　なお先に働き方が多様であることを指摘した。しかし調査結果を見る限
り、特定の働き方の従業員（例えば客先に常駐する働き方をしている従業員）
の仕事のやりがいが低下しているということではないようであった。SE の
うち X 社の事業所で働いている従業員（154名）とそうでない従業員（120
名）とを分けて仕事のやりがいの値を算出してみたところそれぞれ2.81と
2.71であり、わずかに事業所内勤務群の従業員の平均値の方が高い値を示し
た。しかし 2 つの群の平均値の間には、統計的に有意な水準で差があるとは
認められなかった。

　このように X 社の SE の仕事のやりがいのばらつきを分析する限り、何
か特定の働き方や年代で特徴的にやりがいが低いというわけではなく、さま
ざまな要因の組み合わせでやりがいの低下が生じていると考えられた。X
社では、学習を促す仕組みづくりや自律的な仕事の進め方を重視するマネジ
メントを行っていたが、それだけでは十分ではないということである。

　これらを踏まえて、モチベーションの維持が難しい特定の働き方を改善す
るということよりも、自律的に分散して働いている従業員の個々の事情を考
慮したマネジメントへと転換していく必要があると考えられた。

3. 自律分散型業務で求められる 自己調整行動

　X 社の SE の中には、業務にやりがいを見出せていない人が多かったもの
の、少数ながらやりがいを見出せている人も存在していた。そのような従業
員の特徴として、本章で注目するのが自己調整行動である。ここで自己調整
行動と呼ぶのは、単に与えられた仕事をこなしていくという従業員の行動で
はなく、それぞれの業務の中で主体性を発揮し、自分がやりがいをもって働

くための環境づくりをするために工夫していく行動を指している。

　本章では、仕事にやりがいを感じている従業員は、このような自己調整行動を通じて、与えられた状況を自分が働きやすく、かつ、働きがいを感じられる状況へと変えていっているのではないかと考える。従業員が自分の仕事を上手につくり直すことができれば、従業員は自らの仕事に意義や意味を感じやすくなり、やりがいを感じることができるだろう[(2)]。一般的に、仕事は組織側や管理者が一方向的に与えるものであると考えられがちであるが、必ずしもそうではない。ある程度自律性が高い仕事の進め方を許容されている従業員の中には、自ら仕事のやり方や進め方、仕事の範囲について変更している従業員がいると考えられる。また、自律性がそれほど高くないにしても、自分に決められた役割の捉え方や仕事を進めるうえでの交流関係に変更を加えることも、さまざまな仕事で可能であると考えられる。

　本事例で対象としている SE の場合も、まさに顧客の要望に対して工夫しながら応えることが求められることが多い。業務の進め方に自律性がかなり許容されていると同時に、従業員自身が能動的に仕事に向き合っていくことが求められている。そのため、組織や管理者が一律的にやりがいを感じ「させる」ということが難しい一方で、従業員が能動的に自己調整行動を通じて自分に合った働き方を実現していくことが重要な仕事であろうと考えられたのである。

　そこで本章では、自律的な働き方のもとで従業員によってもたらされる自己調整行動こそが重要であると考え、SE に求められる自己調整行動とその影響について探索的に検討を行った。

4. SE に求められる
　 自己調整行動とは

　では、SE が仕事にやりがいを感じられるようにするには、どのような自

己調整行動をとることが求められるのであろうか。すでに指摘してきたとおり SE は特徴的な働き方をする職種であり、SE 特有の自己調整行動を特定してその影響を検討することが必要であると考えた。筆者は X 社の経営陣および人事部門の管理者に対するインタビュー調査を行った結果、仕事にやりがいを感じながら業務に取り組んでいる SE について「ブラックボックスの理解」、「ネットワーキング」、「問いかけ」、「提案」という 4 つの特徴があるのではないかと考えた[3]。

そして、この 4 つの特徴について別の人事部の担当者の協力を得ながら質問項目を作成し、質問票調査を行った。なお当初は 4 つの SE 特殊の自己調整行動を想定して項目策定を行ったが、探索的因子分析（主因子法、プロマックス回転）の結果、以下の 3 つの次元を想定することが妥当と判断された（**表1-1**参照）[4]。そこで以下では、3 つの次元について、それぞれ詳述していく（**図1-2**参照）。

▌4-1．ネットワーキング

1 つ目の自己調整行動はネットワーキングと名付けられた。SE 業務はプロジェクトチームによって仕事が行われることが多いため、終了したプロジェクトの知識を保持している人が社内に点在していることも多い。また客先に常駐するなど、同じ空間で仕事をしている人が同じ会社の同僚ではなかったりすると社内の人間と触れ合う機会が少なくなってしまうことがある。このような働き方であるがゆえ、自ら主体的にネットワークを形成して人間関係を保持していくことや、自分にとって良い影響を与えてくれる社内外の関係者との人間関係を主体的に形成していく行動に個人差が現れると考えられていた。このような行動は、プロジェクトや業務を遂行するうえで必ず求められるものではないものの、仕事のやりがいを考えるうえでは重要な行動であると考えられていた。

調査結果を集計したところ、この項目の平均値は3.34であった。またこの項目の標準偏差は.702であり 3 つの次元の中で最も大きな値を示していた。

表1-1　　因子分析の結果

項目	ネットワーキング	ブラックボックスの理解	能動的提案	共通性
仕事を進めていくうえで、自分に学びを与えてくれる人とは積極的に関わるようにしている。	**.775**	-.047	-.087	.516
一緒に働いていて楽しい人との関わりが多くなるように、仕事上の人間関係に変化を加えている。	**.730**	.005	-.031	.519
仕事を進めるうえで必要な人間関係は、自分から積極的に形成するようにしている。	**.725**	-.023	.022	.521
自分にとってよい影響を与えてくれる社内外の人々と、積極的に関わるようにしている。	**.691**	-.055	-.064	.408
自分の仕事を全体の仕事の一連の流れの中で位置づけて理解するようにしている。	-.007	**.663**	-.100	.376
自分が今回担当している仕事は何なのかについて、これまでの経緯を踏まえて理解しようとしている。	-.081	**.656**	-.070	.338
今回の仕事に取り組むにあたって、過去の仕事の経緯や概要は理解している。	-.071	**.604**	.021	.334
自分が実際に担当している仕事以外にも目を配りながら、自分の仕事を捉えようとしている。	.161	**.366**	.166	.341
お客様のニーズを満たすために、要求とは違う形での提案をすることがよくある。	-.088	-.117	**.903**	.670
お客様の要求にこたえるために、お客様やメンバーに対して最初のオーダーとは異なる提案をすることが多い。	-.125	-.048	**.693**	.397
お客様が要求していることを実現するために、お客様やメンバーに積極的な提案を行っている。	.137	.183	**.471**	.447
お客様の本当の要求にこたえるために、できる限りコミュニケーションを取っている。	.284	.109	**.413**	.444
因子寄与	2.919	2.497	2.424	

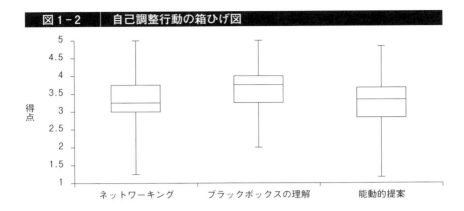

図1-2　自己調整行動の箱ひげ図

得点

ネットワーキング　　ブラックボックスの理解　　能動的提案

　すなわち、3つの次元の中でも最も従業員によって取り組む度合いのばらつきが大きい次元であることが分かる。この項目のスコアが3以下の従業員は全体の37.8％であり、3人に2人はある程度は自発的に人間関係を広げたり、自分によって良い影響を与えると考えられる関係者との交流を増やそうとしたりしていることが分かった。

▍4-2．ブラックボックスの理解

　2つ目の自己調整行動はブラックボックスの理解と名付けられた。SE業務の特徴としてチーム単位で仕事を行う一方で、役割が明確に分担されることが多い。そのため自分の仕事がプロジェクト全体でどういう役割を果たしているのかを見失いがちになることが指摘された。また、SE業務の多くは時限的なプロジェクト形式で行われる。プロジェクトの中には、既存のシステムをつくり直したり拡張したりすることも多いが、必ずしも過去の経緯や流れを把握していないプロジェクトにアサインされることも多い。そのため、これらを理解したうえで取り組むことが、自分の仕事のやりがいを感じるうえで重要であることが指摘された。

　このように自分の仕事がどのような位置づけでどのような役割を果たしているのかについての理解を含めることも、自分の担当業務の意味を実感した

り仕事のやりがいを感じたりするうえで重要な役割を果たすだろう。なお現在、自分の明確な職務範囲に含まれておらず、理解できていない領域を理解しようとする取り組みを示す項目が含まれたことから、「ブラックボックスの理解」と名付けた。

　調査結果を集計したところ、この項目の平均値は3.63で３つの次元の中で最もよく取り組まれていることが示された。この項目のスコアが３以下の従業員は全体の17.9％にとどまっており、５人に４人はある程度はブラックボックス化した仕事を理解したり、全体のプロジェクトと自分の役割を結びつけて考えようとしたりしているということであった。

　なお、X社の事業所内で勤務している従業員と客先に常駐している従業員との平均値の差を比較したところ、後者の方がこの次元の自己調整行動に取り組んでいることが分かった[5]。自社の事業所とは異なる場所で、いわば分散して働いていることで、自分なりに自分の役割を再考したり理解しようとしたりすることが求められている可能性が考えられた。

4-3．能動的提案

　３つ目の自己調整行動は、「能動的提案」と名付けられた。SE業務の特徴として専門知識を持つプロフェッショナルでありながら、顧客とも直接触れ合う必要があるという点が挙げられる。顧客はシステムの専門家ではないので、自分達がシステムを使って本当にやりたいことをうまく言葉で表現できないことが多い。顧客のニーズにあっていないシステムをつくり上げることは、顧客満足に繋がらないため、SEにとっても仕事のやりがいを感じづらくしてしまう。

　SEが自分の業務のやりがいを感じられるようにするためには、顧客が本当に求めていることを言語化してもらうためにSE側から効果的な質問を行ったうえで、ニーズを専門用語へと置き換えていくことが有効であることが指摘された。また顧客のオーダーがそもそも本来の顧客のニーズと一致していないことがある。そのためヒアリングでは、SEは顧客のニーズを引き

出すことに加えて、SE 側からも顧客の要望に合う提案を積極的に行ってい
くことが重要であることが指摘された。

　本書では、これらの行動を SE が顧客とのコミュニケーションを取る際に
発揮しているかどうかに注目した。具体的には、主体的に問いかけを行った
り、自ら主体的に提案を行ったりする行動を有効な自己調整行動として次元
化した。この行動は顧客の要望を単に聞き取るだけにとどまらず仕事の進め
方や仕事の範囲を拡張する行動と位置づけられる。

　この次元は 3 つの中で最も取り組まれていなかった。平均値は3.11であ
り、顧客との直接的な交流がある SE 職であっても、必ずしも頻繁に行われ
ているとは限らないようであった。この項目のスコアが 3 以下の従業員は
47.6％であり、この次元の自己調整行動に取り組む人はおよそ 2 人に 1 人程
度と考えることができる。

5. SE の仕事のやりがいは いかにもたらされていたか

　SE の仕事の特徴と仕事のやりがいの関係について理解するために相関分
析と共分散構造分析を行った。以下では分析結果から明らかになったことを
記述していく。

5-1. 能動的提案がやりがいに結びつく

　X 社調査では、SE にとって仕事のやりがいを感じるうえでカギとなって
いると考えられた自己調整行動は 3 つのタイプに整理されることが分かっ
た。また調査の結果、実施度合いはタイプによって異なるものの、実際にあ
る程度は取り組まれていることも明らかになった（表1-2）。

　さらに私たちが行った調査の結果を共分散構造分析を通じて詳細に検討し

		平均	標準偏差	1	2	3	4	5	6	7	8
表1-2	相関表										
1	年齢	32.7	6.53								
2	性別ダミー（1：男性、0：女性）	0.8	.40	.247***							
3	学習目標	3.4	.69	−.064	.101	(.749)					
4	職務自律性	3.7	.62	.094	.032	.267***	(.807)				
5	ネットワーキング	3.3	.70	.082	.049	.413***	.306***	(.792)			
6	ブラックボックスの理解	3.6	.52	.061	.039	.296***	.375***	.388***	(.651)		
7	能動的提案	3.1	.61	.188**	.105+	.283***	.333***	.345***	.431***	(.746)	
8	仕事のやりがい	2.9	.82	.077	−.042	.554***	.293***	.356***	.265***	.354***	(.882)

注1）***p<.001, **p<.01, *p<.05, +p<.10
注2）対角行列（細字）は、クロンバックα。

たところ、この3種類の自己調整行動は従業員が感じる仕事のやりがいと関連していることも分かった（**図1-3**）[6]。ただし、その関連の仕方については自己調整行動の種類によって異なっていた。以下では、それぞれの関係について詳しく説明していこう。

　まず自己調整行動のうち、「能動的提案」を行う程度と仕事のやりがいとの間に正の関連があることが示された。顧客とのやり取りの中では、そもそもどのような要件を組み込むことがその顧客にとって正解なのかが事前に分からないこともある。そのような中で、顧客と積極的にコミュニケーションを取り、自分なりに必要だと考える要件を業務の中に取り込んでいくことは、（業務上の手間は増やす可能性もあるが）、納得感を持ったうえで仕事を進めていくことに結びつくことから、仕事のやりがいに繋がるのだろうと考えられた。

　一方で「ブラックボックスの理解」と「ネットワーキング」は直接的に仕事のやりがいと正の関連が見られるわけではなかったが、自己調整行動の次元間には正の関連があることから、間接的な影響を与えていると考えられ

図1-3　　共分散構造分析の結果

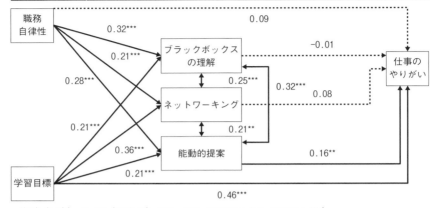

注1）（χ²(6)＝11.035（p＜0.10）、CFI＝.986、RMSEA＝.057、SRMR＝.036）
　　　数値は標準化された推定値。なお、図の簡潔性を優先して統制変数の記載を省略している。
注2）***p＜.001、**p＜.01

た。すなわちブラックボックスの理解を積極的に行い、業務の役割や位置づけについて通常より深く理解することは、従業員が主体的にさまざまな疑問を持ったり、アイデアを想起したりすることから、「能動的提案」に結びつくことがあり、そのような場合に間接的に仕事のやりがいに結実すると考えられる。同様にネットワーキング行動もその行動自体が直接的に仕事のやりがいに結びつくというよりは、そのような行動を通じて得られた知識や考え方を能動的提案に落とし込むことによって仕事のやりがいに結びつくと考えられた。

5-2．自律性を与えるだけでは十分ではない

　X社調査では、SEが仕事のやりがいを感じるためには能動的な提案を含む自己調整行動に取り組むようになることが有効であることが分かった。また自己調整の影響を考慮することで、その他の変数の影響についてもより精微に検討することができた。まず明らかになったのは、自律的に仕事に取り

組むことができる状況をつくることだけで、仕事のやりがいが高まるわけではないということである。図1-3の分析でも明らかになったように、職務自律性が仕事のやりがいに与える影響は、自己調整行動を介した間接的なものにとどまった。逆にいえば、X社では自己調整行動に結びつかない限り、職務自律性は従業員の仕事のやりがいに結びついていなかった。

このことをわかりやすく示したのが図1-4である。X社のSEで自己調整行動を行っている従業員のグループ（能動的提案の値が平均値以上の群）と自己調整行動をあまり行っていない従業員のグループ（能動的提案の値が平均値未満の群）に分けて仕事の自律性と仕事のやりがいの散布図を作成するとともに相関分析を行った。その結果、前者では統計的に有意な水準で正の関連が見られたが、後者では統計的に有意な水準で正の関連が見られなかった（図1-4）。

自律的な職務設計が必ずしも仕事のやりがいに結びつかない理由としては、職務自律性の値が総じて高く提供されていることが関係していると考えられた。工場のライン作業やマニュアルどおりに仕事を進めることが前提となっているような職種では、組織側が提供できる自律性にも限りがある。そのような職種にとっては、職務自律性は与えられれば与えられるほどやりがいに結びつく要因であったかもしれない。しかし、SEのようにある程度自

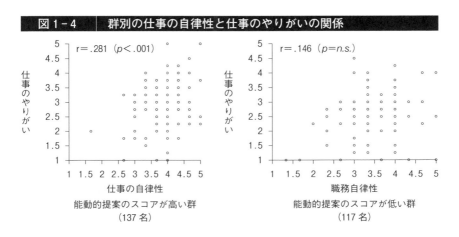

図1-4　群別の仕事の自律性と仕事のやりがいの関係

r=.281（p<.001）

仕事のやりがい

仕事の自律性

能動的提案のスコアが高い群
（137名）

r=.146（p=n.s.）

仕事のやりがい

職務自律性

能動的提案のスコアが低い群
（117名）

分で考えて仕事をすることが前提となっている職種においては、職務自律性の効果が限定的であるケースも出てくる可能性が考えられる。このような職種や従業員においては、自律性を与えるだけにとどまらず、その自律的な状況の中で自己調整行動を促すような、もう一歩踏み込んだ働きかけを行っていくことが重要であると考えられる。

5-3. 学習目標を保有することは2つの意味で有効である

さらに、学習目標が重要な役割を果たしていることも明らかになった。学習目標の志向性が高い従業員とは、職場で仕事に取り組む際に、仕事の中で学習していくことを重要と考える人のことを指す[7]。学習を重視する態度とは、たとえ失敗をしたとしても、新しいことや難しいことに挑戦するプロセスで新たなことを学んだり、成長したりしていくことが重要であると考えている状態といえる。このような姿勢の対極にあるのが、失敗を恐れてできることしかやらない姿勢だとされている。

X社の調査では、この学習目標の志向性の高さが、2つの経路で従業員の仕事のやりがいに影響を与えていることが分かった（**図1-3**）。まず、学習目標志向性を高く持つことが、能動的提案を含む3種類の従業員の自己調整行動に結びつき、結果として仕事のやりがいに結びつくという経路である。この経路は、間接的だが、重要な影響を持つことが示された。ここまで述べてきたように、X社のSEは自律的な仕事を与えるだけでは、十分に仕事のやりがいを感じられるとは限らなかった。自律的な状況で仕事のやりがいを見出すには、自ら自己調整行動を行うことが求められていたが、学習を重視する目標志向性が自己調整行動を促すことが分かったのである。企業や管理者は従業員の学習を重視する目標志向性を育むことで、自己調整行動を促し、仕事のやりがいを高めることができると考えられる。

次に、学習目標志向性を高く持つと仕事のやりがいも感じるようになるという直接的な正の関連性があることも示された。SEの業務では、高い専門性が求められる局面も多く、これまで自分が経験したことのない業務や新し

い知識を必要とする局面も多い。このような局面を業務上の負担が大きい大変な仕事と捉えるとやりがいには結びつきづらいが、学びの要素が大きいチャレンジングな仕事と捉えることができるとやりがいに結びつくと考えられる。学習目標の志向性が高い従業員は、困難も多いけれど学びの要素を見出すことのできる仕事に価値を見出すことができるので、仕事のやりがいを感じやすくなるのであろう。

6. 自己調整行動を促すには

6-1. スキルとしての自己調整行動：研修の視点

では、どうすればX社のSEに自律的な状況で自己調整行動を行ってもらうことができるのであろうか。調査結果は、自律的な職務遂行を可能にする状況設定や学習目標の志向性を高めることが有効であることを示していた。しかし、それだけでは十分ではないだろう。本章以降では、組織が自己調整行動をどのように位置づけるかによって異なる2つのアプローチを取ることが可能であることを考察していく。

第1のアプローチは、自己調整行動をスキルとして位置づけて教育する方法である。具体的には能動的提案やそれを含めた3つの自己調整行動について「教える」ことで業務遂行プロセスで自己調整行動をとるように促すことができると考えられる。研修の場面で具体的な自己調整行動のスキルについてレクチャーすることで、仕事に取り組むプロセスで自己調整行動を行うように教育していく、という方法が考えられる。実際に、このようなある種のモチベーションを高めるためのスキルを特定し、そのようなスキルについて研修したりする取り組みは学術的にも、実務的にも実績があり、その中で実際に成果を収めていることが報告されている[(8)]。

6-2．プロアクティブ行動としての自己調整行動：
　　マネジメントの視点

　もう1つは、自己調整行動を従業員が能動的に行うプロアクティブ行動として位置づけ、そのような行動を促す規定要因を探求するとともに、それらの要因を高めるマネジメントを行うことである。調査を行ったX社では自己調整行動について特別に取り上げて研修を行っているわけではない。それにもかかわらず、X社のSEの中（で、仕事にやりがいを感じている人の中）には自然と自己調整行動を行っている人がいた。つまり、わざわざ直接的にSE固有の自己調整行動をスキルとして研修で教えなくても、マネジメント上の工夫を行うことで従業員が仕事に取り組む中で自然と行うようになる可能性があると考えられる。

　プロアクティブ行動としての自己調整行動を促す人事制度やリーダーシップ・スタイルを明らかにすることができれば、そのようなマネジメントを行うことで（従業員自身は特に自己調整という言葉を知らなくても）自己調整行動を促すことができるだろう。

　実は第3章で指摘するように、経営管理論の自己調整研究はこれらの点について十分に扱ってこなかった。言い換えると従業員自身が自らのモチベーションやウェルビーイングに関して自己調整する行動を促進するマネジメントについて、十分に探求してこなかった。そのようなことをしなくても、すべての従業員が一律的に仕事のやりがいを高める施策を導入することで十分であると考えてきたのかもしれない。あるいは、そのような方法で動機づけを高めようとすることは効率が悪すぎると考えていた、ということもあるだろう。しかしながら、X社の調査結果が示すように、現代の組織では自律的な職務を画一的に提供することを通じて動機づけを高めようとするマネジメントが必ずしも効果を上げるわけではない。多様化が進む組織において、ホワイトカラーや知識労働者の仕事のやりがいを高めるには能動的な自己調整を促すマネジメントを探求することが不可欠となってきていると考えられる。

7. まとめ

　X 社の事例からは、X 社の SE の従業員は自律的かつ分散して業務に従事していた。そして SE 職は、組織側が単に自律性が提供するだけでやりがいを感じられるわけではなく、状況に合わせて従業員が仕事や周囲の環境を変えていく自己調整行動をとることを通じてはじめて仕事のやりがいを感じられていることが分かった。

　次に、そのような自己調整を発揮するためには、いくつかの要因が影響を与えていることが分かった。まずは、仕事の自律性の程度が高いと従業員は自己調整を行う傾向があった。自己調整行動に影響を与えていたもう 1 つの要因は、学習目標であった。このことから、学習を重視する態度や姿勢を組織が醸成していく必要があるということが分かってきた。変化が激しく成果を出し続けることが厳しくなる時代に、単純に成果だけを追い求めていると意欲ややりがいが失われてしまう。長く努力を続けて大きなブレイクスルーを起こすためにも、学習と成長を重視することの重要性を今一度再認識する必要があるということである。

　X 社の事例で得られた知見は、研修をはじめとした中長期的な従業員を育成していくという視点からの実践的示唆を提供していると考えられる。また職務自律性や学習目標を重視するマネジメントを通じて、自己調整行動を促すことができるという基礎的な発見事実も提供している。

　一方で、X 社の事例からは、今後、私たちが明らかにすべき課題もクリアにしたといえる。1 つは、本章の調査では、SE が行っている自己調整行動の次元について経営陣や人事部門に対するヒアリングに基づいて次元を構成し、質問項目を作成した。本章で検討した自己調整行動が組織にとって望ましかったり、組織にとって都合がよかったりする自己調整行動に限定されてしまっている可能性である。従業員側にも追加的なヒアリングを行ったう

えで質問項目を作成した場合には、より幅広い自己調整行動が想定されていた可能性がある。

　このような本章の限界を踏まえて本書の第Ⅰ部では、自己調整行動についてより中立的に検討した学術的研究をレビューし、具体的にジョブ・クラフティングに注目して扱っていくこととする。

　もう1つは、従業員の自己調整行動を引き出すために組織や管理者が、どのようなマネジメントを行えばよいのか、についての知見が十分ではないということである。従業員の自己調整が重要であるとして、自己調整を促すために組織はどのような人事施策を設計し、実践していくとよいのだろうか。あるいは管理者はそれぞれの職場でどのような振る舞いをすることで従業員の自己調整行動を発揮してもらうことができるのであろうか。仮に従業員側が自己調整行動しながら仕事に取り組んでいる力を持っていたとしても、マネジメントがその力を引き出し、活用しなければ、十分に効果に結びつかないだろう。

　自己調整行動を促すマネジメントとは、自己調整行動を積極的に引き出す人事制度づくりであり、管理者のリーダーシップの発揮である。残念ながらＸ社の事例では、自己調整行動を行っている SE 本人の特徴や仕事の特徴についてしか分析できておらず、SE の上司や人事施策（ただし今回はＸ社1社の調査のため設計されている施策そのものに変化はないはずである）がどのような影響を与えているのかについての知見は得られていない。

　このような本章の限界を踏まえて本書の第Ⅱ部では、組織によって提供される人事施策の影響や管理職のリーダーシップなどが従業員の自己調整行動に与える要因について重層的に影響を検討し明らかにしていく。

　なお、すでに述べたように多様性の高い組織では、組織が何かしらの行動を取るように命令したりすることを通じて従業員の仕事のやりがいを一律的に感じさせるというような「指示的」で「直接的」なマネジメントは困難になっていくだろう。そうではなく、従業員側の自発的行動を介して、従業員それぞれの現在の特徴や状況に合わせた行動を取るように促していくという「支持的」で「間接的」なマネジメントを追及していく必要がある。

本書が目指すこのようなマネジメントの有り様は、その効果も人によって異なる可能性がある。そのため「指示的」で「直接的」なマネジメントほどに影響が明らかでないように見えるかもしれない。しかし、従業員は多様化しており変化することが求められている。単に自己調整行動を教える研修や特定の自己調整方法を取るように指示するマネジメントでは十分ではなく、自己調整行動を引き出していくマネジメントを目指していくことが重要だと考えられる。既存研究がそのようなマネジメントについて十分に検討してこなかったとすれば、本書は、その第一歩となるはずである。

(1) X 社の SE に質問調査を行うとともに人事のアーカイバルデータを入手して両者をひもづけるデータベースを作成した。まず当時 X 社に在籍していた非管理者の SE474名に対する 2 回の質問票調査を行った。質問票調査に有効な回答を274名から得ることができた（回答率は57.81％）。274名のうち男性が212名であった。平均年齢は32.7歳、勤続年数が10.4年であり大学の学部卒レベルの従業員が中心であることが推察された。非管理職の従業員はおよそ 3 段階に分けられるが管理職一歩手前の主任レベルの従業員が141名でおよそ半数を占め、それ以下の 2 段階に含まれる従業員が133名であった。なお現在の職位についてからの平均年数は4.0年であり、それぞれの職位内でもある程度経験年数にばらつきがあることも示されている。なお（3）で説明するとおり分析に用いるサンプルが異なるためここで記載している平均値と表 1 - 2 の仕事のやりがいの平均値は異なっている。

(2) 自己調整行動と仕事のやりがいの関係は双方向の関係にあることが理論的には仮定されており、実証的にも示されつつある。これらの研究蓄積については第 2 章および第 3 章で詳述していく。

(3) なお、調査の方法上経営側や人事部門にとって「望ましい」あるいは「都合の良い」自己調整行動だけを取り上げている可能性があることについては注意が必要である。

(4) SE 特有の自己調整行動として上述の 4 次元を想定し、各次元にそれぞれ 4 項目合計16項目の質問項目を作成した。各質問項目については、その内容が SE 業務に適した内容になっているのか、SE から見て誤解をする表現などがないかという観点から人事部の担当者 2 名からチェックを受けたうえで従業員に対する質問票調査を実施した。なお SE 特有の自己調整行動として顧客の存在を前提とした行動を想定することになったため、以降の分析では顧客との直

接的なやりとりがないと回答した20名の SE の回答は分析に用いず、254名分を分析対象として用いていている。

　探索的因子分析（主因子法、プロマックス回転）を行い、複数の因子に負荷した4項目を削除した結果固有値（4.01, 1.67, 1.23, 0.77, 0.73, …）の減衰傾向ならびに解釈可能性から3因子構造が妥当であると判断した（累積寄与率57.92％）。3つの次元に含まれている項目をそれぞれ見ていくと「問いかけ」と「提案」の一部の項目が削除されたうえで1つの次元に集約されているため、「能動的提案」と命名した。またその他の2つの次元は、もともと想定したとおりの項目が含まれているため、それぞれ「ブラックボックスの理解」、「ネットワーキング」と命名した。

(5) t検定を行った結果、5％水準で統計的に有意な水準の差が見られた。

(6) 職務自律性と学習目標が自己調整行動を介して仕事のやりがいに結びつくという関係性を想定したうえで SEM による分析を行った。なお性別と年齢を統制変数として用いた。その結果、一部想定した変数間の関係性が認められない部分もあったが分析結果を踏まえて微修正を行った結果、モデル全体はあてはまりが良いことを示す適合度指標を得られた。ただし、ここでデータが示しているのはあくまで変数間の相関関係であることに注意が必要である。本章では、残りの章で明らかにしていく理論的仮定に基づいて結果を解釈しているに過ぎない。

(7) 学習目標についての詳しい説明は Dweck（2000）および第5章の説明を参照のこと。

(8) 自己調整についての研修については第3章を、ジョブ・クラフティングの研修については第4章の説明を参照のこと。

第 2 章

職務設計論の再検討

―― 一方向の職務設計から
循環的な職務設計へ――

1. はじめに

　本章では、隣接領域も含めた職務設計の先行研究のレビューを行っていく。その理由は第1章において経営学の職務設計の先行研究だけでは十分に説明できない現象が日本企業で生じている可能性が示唆されたからである。以下ではまず、経営管理論の職務設計の先行研究をレビューすることで職務充実、とりわけ自律性を高める職務設計が仕事のやりがいを高める論理を明らかにしていく。続いて隣接領域であるストレス研究にルーツを持つ先行研究をレビューし、自律的職務設計が必ずしもやりがいと結びつくとは限らないことを明らかにしていく。結論を先取りすれば後者の研究では与えられた仕事と従業員の間に不適合が生じることによってやりがいに結びつかないことが指摘されていた。そこで不適合を解消するために有効であると考えられる従業員による自己調整行動を含んだ循環的な職務設計モデルを紹介する。

2. 自律的職務設計と　仕事のやりがいを結びつける論理

　経営管理論あるいは組織行動論では充実した職務を提供すること、とりわけ自律的な職務設計を行うことは、従業員の仕事のやりがいを高め、創造性の発揮やイノベーションの創出といった成果の質を高めることを想定してきた。そこで経営管理論の職務設計の先行研究をレビューすることで職務充実、とりわけ自律性を高める職務設計が仕事のやりがいを高める論理を明らかにしていく。

　本節では経営学の職務設計研究のメインストリームの主張を理解するにあ

たって、(1) Herzberg らの動機づけ—衛生理論（Herzberg et al., 1959）、(2)
Hackman & Oldham（1975; 1076）の職務特性モデル、(3)職務自律性の動機
づけ効果に特化して検討したい。はじめに動機づけ—衛生理論を取り上げる
理由は、経営管理論において仕事の特徴や性質が従業員の仕事のやりがいや
モチベーションを引き出すうえで重要な要因であることを強調した研究の源
流の１つと位置づけられているからである。

▍2-1．Herzberg らの動機づけ—衛生理論

　Herzberg et al.（1959）は、臨界事象法と呼ばれる方法を用いたインタ
ビュー調査を200名以上に対して実施し、仕事をする中で従業員が強い満足
や不満足を感じる要因の洗い出しを行っている。その結果、賃金を上げたり
職場の人間関係のもつれを解消したりすることが従業員の不満の解消と関連
する一方で、従業員を動機づけることにはあまり結びつかないことを発見し
た。Herzberg らのこのような主張は、動機づけを高める要因と低める要因
の２つが異なるという主張を行っているため、動機づけの２要因理論と呼ば
れることもある。
　そして、Herzberg et al.（1959）は、従業員の仕事満足ややりがいを引き
出す要因（すなわち、動機づけ要因）には、業務を達成すること、そのことを
承認すること、あるいはやりがいを感じられる性質の仕事を提供することな
どが含まれるという主張を行った。この中で Herzberg らは特に仕事の性質
が動機づけに影響を与える点に注目し、組織で従業員がやりがいを感じられ
るように職務を設計するという職務充実が従業員を動機づけるうえで重要で
あると主張している（Herzberg et al., 1959; Herzberg, 2003）。
　ここでいう職務充実とは、職務同士の連なりを工夫して従業員に担当させ
ることを指す。単に従業員が担当する職務の「幅」を広げるだけの職務拡大
とは区別され、仕事の「深さ」の拡大と呼ばれることもある（田尾，1987）。
逆に言えば、単に従業員をジョブ・ローテーションして飽きがくることを防
いだり、担当する業務を単純に増やしたりするだけでは従業員の動機づけは

高められない、ということである。

このような Herzberg et al.（1959）らの主張を契機に、経営管理論あるいは組織行動論では、職務充実を実現する仕事の特徴を明らかにしようとする研究がはじまっていく。すなわち、どのような特徴を兼ね備えた職務を設計することが職務充実に繋がるのか、あるいは、それぞれの職務がどのようなメカニズムで従業員の仕事のやりがいに結びつくのかを検討する研究が蓄積されるようになっていく。

2−2．職務特性モデルと職務自律性の動機づけ効果

上述したような職務充実を実現する仕事の特徴について体系的に明らかにしたモデルとして Hackman & Oldham（1975; 1976）による職務特性モデルを挙げることができる（図2-1）。Hackman と Oldham は、5つの仕事の特徴（スキル多様性・タスク同一性・タスク重要性・自律性・フィードバック）が「経験された仕事の意味深さ」、「経験された成果に関する責任」、「仕事活動の実際の結果に対する知識」という3つの臨界的心理状態（Critical psycho-

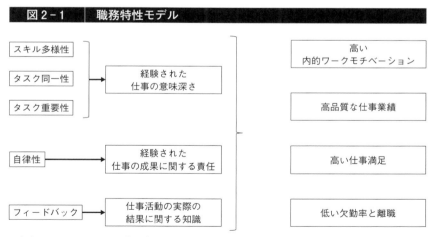

図2−1　職務特性モデル

スキル多様性		
タスク同一性	→ 経験された 仕事の意味深さ	高い 内的ワークモチベーション
タスク重要性		高品質な仕事業績
自律性	→ 経験された 仕事の成果に関する責任	高い仕事満足
フィードバック	→ 仕事活動の実際の 結果に関する知識	低い欠勤率と離職

出所：Hackman & Oldham（1976）の図1をもとに大幅に修正のうえ筆者作成

logical states）と呼ばれる心理状態が引き起こすことを通じて内的ワークモチベーションへと結実するというメカニズムを提唱している。このモデルの中では、第1章で取り上げた「職務の自律性」も従業員の内的ワークモチベーションを高める重要な要因として取り上げられており、職務自律性は従業員が経験する「成果への責任感」を高めることを介して、内的ワークモチベーションを高めることが想定されている。

　職務特性モデルの主張は、その後多くの実証的研究で支持されている。またその基本的な主張は、メタ分析によっても支持されている。Humphrey, Nahrgang, & Morgeson（2007）では、重複しない259の研究とそれらの研究に対する219,625人の回答に関するメタ分析を行い、職務特性と従業員の態度の関係を検討している。その結果、職務自律性やスキル多様性を含む5つの動機づけ特性が仕事の内的ワークモチベーション（平均0.39）と正の関係を示すことを明らかにしている[1]。また5つの仕事の特徴が3つの臨界的心理状態を介して仕事のやりがいに結びつくというプロセスについても、一部を除いて[2]メタ分析によって支持されている。

　Hackman & Oldham によって提唱された5つの職務特性の中でも、職務自律性は特にその動機づけ効果が注目されてきた。例えば従業員に組織からの自律を促す関係性に注目した心理的エンパワメント研究では、組織による権限委譲や参加的意思決定を通じて、従業員の有能感、有意味感、影響感、選択といった個人の心理的なエンパワメントを導くというモデルが想定されてきた（Thomas & Velthouse, 1990）。また実証的にも自律を促す仕事の進め方が心理的なエンパワメントを高め、その結果動機づけを高めることが明らかにされてきた（例えば、Gagné, Sencal, & Koestner, 1997）。また自律的な職務設計と他者との協働の同時実現の重要性を指摘した日本の研究でも、職務自律性を高めることが従業員の内的ワークモチベーションに結びつくことが明らかにされている（森永・服部・麓・鈴木, 2012）。

　以上をまとめると職務自律性は、業務に対する従業員の責任感を高めることを通じて仕事に対するやりがいを高めると考えられてきた（Hackman & Oldham, 1975; 1976）。そして欧米で行われた調査のメタ分析においても、わ

が国における質問票調査でもその動機づけ効果はおおむね実証されてきたといえる。

3. 自律性がやりがいに結びつかないことがある論理を提供する先行研究

　職務自律性の動機づけ効果が繰り返し実証されてきたにもかかわらず、第1章で示したように職務自律性が必ずしも仕事のやりがいに結びつかないケースがあるとすれば、その理由はどのように説明することができるのであろうか。経営学の先行研究では、職務自律性が必ずしも従業員の内的ワークモチベーションに結びつかないことがあるという調査結果が報告されることはある（例えば、Dubinsky & Skinner, 1984）ものの、それらはあくまで例外的な結果として扱われ、必ずしも十分な理論的説明が提供されてきたとはいえない。

　そこで以下では、隣接領域から示唆を得たいと考えている。隣接領域のストレス研究では、充実した仕事が従業員のやりがいに結びつくという基本ロジックを基本的には支持しつつも、そのような単純化した主張に疑義を挟む視点や説明が理論的に提供されているからである。

3-1. ビタミン・モデルの示唆：過剰な自律がやりがいを損ねる

　第1にビタミン・モデル（Warr, 1987; 1994）を取り上げる。ビタミン・モデルでは、充実した職務特性の中には「過剰」に提供されると従業員のウェルビーイングに対して負の影響を与えるものがあることが主張される。Warr（1987; 1994）は、一部の仕事の特徴は、ウェルビーイングとの間に非線形の関係を持つこと、すなわち過剰に提供されることで、ある時点からは

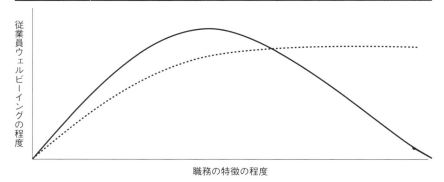

図2-2　ビタミン・モデルによる職務特性の影響のイメージ図

（縦軸）従業員ウェルビーイングの程度

（横軸）職務の特徴の程度

出所：Warr（1987）を参考に筆者作成

　悪影響をもたらす可能性があることを主張する（**図2-2**の実線）。Warr はこのような仕事の特徴と従業員ウェルビーイングとの関係をビタミンの摂取が人体に及ぼす影響との関係になぞらえて、ビタミン・モデルと呼んでいる。Warr によればビタミン C やビタミン E はたとえ過剰に体内に摂取したとしても人体に悪影響を及ぼすことはないそうであるが、ビタミン A やビタミン D を過剰に摂取するとある時点からは体に悪影響を及ぼすことがあると主張している。Warr はこのような過剰に提供されることで悪影響を及ぼす可能性がある職務特性として職務自律性、仕事の要求度、社会的支援、技能活用、技能多様性、タスク・フィードバックの6つを挙げている。

　Warr のモデルに基づき、仕事の特徴が時としてウェルビーイングに対して線形とは異なる影響を及ぼすことを実証的に示す研究も報告されている。例えば De Jonge & Schaufeli（1998）は、仕事の要求度が情緒的消耗感とは線形的な関係にある一方で、仕事関連の不安との間には U 字型非線形の関係を想定することでモデルの適合度が高まることを報告している。また社会的支援と情緒的消耗感の間に U 字型非線形の関係があることや、社会的支援と職務満足の間には逆 U 字型の非線形の関係を想定することでモデルの適合度が高まることを見出している。第1章で取り上げた職務自律性につい

ては、仮説設定段階では情緒的消耗感との間に U 字型の関係にあることが想定されていたが、実際は逆 U 字の関係にあることが明らかにされた。これらを踏まえて、いくつかの仕事の特徴と従業員のメンタルヘルスの関係については線形よりも非線形の関係として捉える方が有益であるという主張がなされている。

　また Meyerding（2014）はドイツの園芸業界で働く従業員145名を対象とした調査を行っている。そして職務自律性と近しい概念であるタスクの裁量性と職務満足度との関係が非線形の関係を想定したモデルによってよりよく説明されるという結果を得ている。すなわち筆者たちが想定していたとおり、ビタミン・モデルの主張を支持する結果が得られている。

　このように Warr によるビタミン・モデルに基づく一連の研究蓄積は、過度に仕事を充実させることは時として、従業員の期待や能力との不適合を生じさせ、望ましくない結果をもたらすことがある、ということを実証的に明らかにするものである[3]。このような主張は、仕事の特徴と仕事のやりがいの関係が、経営学の職務設計研究で想定してきたほど単純ではないということを示唆している。

3-2．フィット研究の示唆：個人の志向性と仕事の不適合

　本章で注目するもう 1 つの研究は、こちらもストレス研究にルーツがある人と仕事の適合（P-J フィット）に関する研究である。人と仕事とのフィットに注目する一連の研究では、自分の仕事や仕事環境が自分の望むものを提供しているのか、あるいは仕事で求められる要件に対して従業員側に提供できる能力があるのか、という観点から人と仕事のフィット（P-J フィット）を捉えてきた（Caplan, 1987; Van Vianen, 2018）。

　フィット理論の基本的な主張は、個人特性と環境特性の属性が「フィット」している時に最善の成果が得られ、フィットしていない時には好ましくない成果が得られるというものである。例えば従業員の望むような挑戦的な

仕事が組織によって提供されている場合には、従業員の職務満足や組織コミットメントが高まると考えられるが、従業員の能力に見合わない過剰な仕事の要求度が与えられた場合には従業員の満足度を低下させたり、ストレスを感じさせたりすると考えられる。

　本書で注目している職務の自律性についても従業員と職務の間のフィットを構成する変数として想定されてきた（Van Vianen, 2018）。そのため、自律的な意思決定への欲求が低い人に対して、意思決定に参加する機会を多く与えすぎることは、本人にとってはかえって負担になるため不適合を生じさせる可能性がある。そのような場合には、参加機会を減らすことが、従業員にとっての適正なフィットを生み出し、負担感を減らすことに繋がると考えられる。

　Brousseau（1983）は、個人差に加えて人と仕事の間のフィットに関わる要因として従業員のキャリア志向や以前の仕事経験のような「キャリアの視点」が影響を与える可能性を指摘している。仮に非常に大変だが、やりがいもある仕事があるとして、このような仕事を良いチャンスと捉えられるか、無意味で過酷な業務と捉えるかは人によって異なる。例えば、その人が関連する領域においてキャリアを形成していくことに関心があるのか、その領域で能力を身につけていきたいと考えているかといったキャリアの志向性によって大きく異なってくるということである。

　また、Brousseau（1983）は「仕事の寿命」効果にも言及している。仕事の寿命効果とは、ある時点においては従業員を動機づける効果を持つ仕事であったとしても、長く従事しているうちにその効果が失われていく、というものである（Katz, 1978）。たとえ、最初はやりがいのある仕事であっても長期にわたって同じ業務に従事し続けていると、従業員側のスキルが上昇して効率的でミスなく業務が進められるようになる一方で動機づけ効果は失われていく。このように、仕事と人とのフィットも時間によって異なってくると考えられる。すなわち人と仕事のフィットは決して普遍的に決められるものではなく、従業員側の志向性や時間に伴う変化に応じて変わっていくものといえる（**図2-3**参照のこと）。

図2-3　不適合の基本モデル

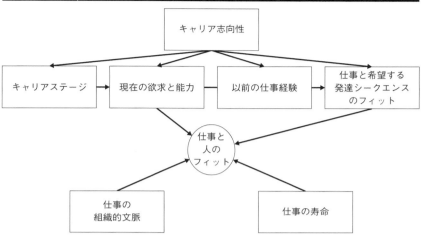

出所：Brousseau（1983）の図1をもとに一部修正のうえ筆者作成

　実証的な研究では、組織が人と仕事の間のフィットを高めることで好意的な職務態度を引き出すことができることが明らかにされている。例えば鄭・竹内・竹内（2011）では、韓国企業で働く従業員を対象とした調査を行い、企業の人材開発施策に対する従業員の認知がP-Jフィットを高めるとともに、P-Jフィットが従業員の職務満足度や職務関与などを高めることを明らかにしている。

　従業員と仕事の間のフィットに注目する研究が示唆するのは、仕事の設計や割り当てを行う際に従業員側の視点を盛り込んでいくことの重要性である。現在の組織では、従業員の働き方やキャリアに変化が生じていることから、職場での不適合は増加しており（Vogel et al., 2016）、完璧なフィットが実現することはめったになくなっている（Van Vianen, 2018）と指摘されている。すなわち、仕事の特徴が従業員の仕事のやりがいに結びつくかどうかは、従業員側の関心や現在の能力によって変わってくるのであり、組織で働く従業員の多様性が高まり、多様性の発揮が求められる現在の組織では従業員の個人差や多様性を無視することはできなくなっている、と考えられる。

なお、ここで問題になっている個人差や従業員の多様性の問題について、従来の職務設計研究が完全に無視してきたわけではない。実はHackman & Oldham（1975; 1976）のオリジナルモデルにおいては、職務特性と臨界的心理状態の関係および臨界的心理状態と内的ワークモチベーションの関係を調整する要因として従業員の成長欲求の強さを想定している。具体的には、成長欲求の強い従業員の方が5次元の職務特性を通じて高い臨界的心理状態へと至り、高い内的ワークモチベーションが喚起されると考えている。実際にHackman & Oldham（1976）は従業員を成長欲求の高低で分類したうえで3つの要因の相関について検討し、その調整効果を実証的に示している。またHackman & Oldham（1980）で提示された理論モデルでは、調整変数として成長欲求の他、従業員の知識やスキル、文脈への満足といった要因がもたらす影響を組み込む形に発展しており、Spector（1985）のメタ分析でも達成欲求や自律への欲求といった成長欲求以外の高次の欲求も職務特性と職務成果の関係に影響を与えることが指摘されている。

　ただし、Oldham（1996）のレビューによれば、従業員の個人差のうち、知識やスキルといった後天的に学習したり、収得したりすることができる可変的要因が与える効果について実証的に検討した有力な調査はないとされている。自律的な職務設計研究では、従業員の高次の欲求の度合いの違いが与える影響について（少なくともスタート地点では）考慮していたものの、後年の実証的取り組みの中では十分に注目してこなかったと言えるだろう。

4. 一方向的な職務設計論の課題

　本章でのここまでのレビューを踏まえると、自律的な職務設計を行うことは、一般的には従業員の責任感を喚起することを通じて従業員の仕事のやりがいに結びつくと考えることができる。しかしながら、従業員が多様化する

中で、そのような職務設計を望まない従業員や能力や希望よりも「過剰」に自律と責任を提供されることで不適合が生じ、結果的に職務をむしろ重荷に感じてしまっている従業員が増加している可能性が考えられる。すなわち自律的な職務設計が、時として従業員のやりがいに結びつかないのは、組織による仕事の割り当てが必ずしも従業員の個性や希望にフィットしていないからであると考えられる。

　このような本書の主張は、職務設計研究が暗黙の裡に置いてきた仮定に疑義をはさむことになる。従来の職務設計研究は、仕事の設計は組織が行うものであると仮定してきた。しかし個人側の視点を無視した一方向的な職務設計のアプローチが必ずしも有効に機能しなくなってきており、従業員の視点や従業員による自己調整の視点を盛り込まない限り有効な職務設計が難しくなってきているということである。

　変化の背後には、職務設計の対象となる従業員と仕事の性質の変化があるだろう。かつては製造業で働くブルーカラーが職務設計の対象であった。ブルーカラーを対象とする場合には、特定の職務の特徴に普遍的な動機づけ効果を追求することが可能であったかもしれない。しかしながら20世紀後半以降産業構造の変化に伴い、製造業の就業者割合は減少し、小売業やサービス業に従事する就業者の割合が増加するようになった（山下・小川，2022）。またホワイトカラーや知識労働者の動機づけや仕事のやりがいを高めるためのマネジメント施策の重要性も一層高まってきた。ホワイトカラーや知識労働者の中には、そもそもある程度自律的に職務を遂行することが前提となっている職種が多く含まれている。そして、ある程度自律性を前提とした仕事や職種では、その自律性の中で従業員が自分の志向性や独自性を持ち込むことが求められている（Grote & Guest, 2017）。

　このような仕事において、従業員の個人差を無視した一律的な動機づけ戦略を行うことは、多くの不適合を生じさせてしまう。結果として多くの従業員はその職務特性上の特徴にかかわらず、職務充実の恩恵を受けることができない状態になっているのではないかと考えられる。

5. 従業員の自己調整プロセスを含む
  循環的な職務設計モデルへ

　そこで本書では、職務設計において従業員の多様性と可変性を受け入れ、個別性を考慮に入れた仕事の割り当てを行っていくことが重要であるという立場の先行研究を紹介していく。言い換えると、従業員が自律的な職務設計の中で自発性を発揮して職務を自分に適合するように修正を行っていく視点を職務設計に盛り込んでいくことが重要であると考えている。

　本節では、前節で課題となった従業員と仕事との間の不適合を解消する従業員の調整行動を含んだ循環的な職務設計モデルの代表的モデルを紹介していく。

5-1. Clegg & Spencer (2007) の職務設計の循環モデル

　組織が一方的に従業員に職務を与え、やりがいを提供するという職務設計研究のメインストリームに対して、従業員による自己調整の視点を盛り込んだ代表的な職務設計モデルの1つがClegg & Spencer (2007) による循環モデルである。

　まずClegg & Spencer (2007) は、組織側から与えられた仕事の中身が従業員によって再設計されるという循環モデルを提示している。**図2-4**では循環モデルの左下に「仕事の中身」のボックスが描かれており、「自己効力感」や「知識」のボックスへと矢印が伸びている。改めて説明するまでもないかもしれないが「仕事の中身」が、従業員の「自己効力感」や「知識」を高めることを介して業績に結びつくという一連のメカニズムを想定しているといえるが、このような一連のメカニズムは既存の職務設計研究が想定してきた基本的なメカニズムと一致している。

　ただしClegg & Spencer (2007) のモデルの特徴が、このような一方向的

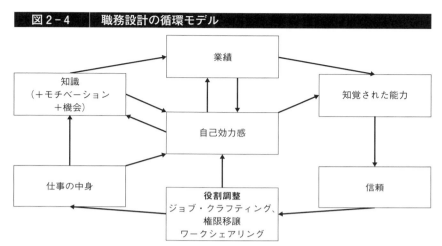

図2-4 職務設計の循環モデル

出所：Clegg & Spencer（2007）の図1をもとに一部修正のうえ筆者作成

な影響にとどまらない点に注意が必要である。すなわち一般的な職務設計の
モデルでは必ずしも注目されてこなかった従業員による役割調整とそれを可
能にするプロセスが想定されている。具体的には、**図2-4**の右半分の循環プ
ロセスが当てはまる。すなわち、従業員が職場で求められた水準の業績を達
成していくことは、周囲から自分の能力を認めてもらうことに結びつくとと
もに、上司や同僚との信頼関係を形成することに繋がっていく。そして上司
や同僚と信頼関係を形成することで、職場内での柔軟な役割調整が可能にな
る。

　繰り返しになるがこのモデルの中で最も重要なのは、最終的に仕事の中身
に変更を加える「役割調整」の視点である。欧米における従来の職務設計研
究では、仕事の割り当ては組織から個人へと一方向的に行われるものという
前提が強く置かれていたが、この循環モデルでは上司や同僚の役割を重視
し、上司から権限移譲や周囲との信頼関係に基づき、ある人の役割調整が行
われ、仕事の中身が個別に決定されていくというプロセスに大きな注目を
払っている点に新規性がある。

　そして Clegg & Spencer（2007）のモデルでは、この役割調整を実現する

ために、ジョブ・クラフティング、（それを可能にするための）上司による権限移譲、同僚とのワークシェアリングという3点を挙げている。このうち上司からの権限移譲とワークシェアリングは役割調整の前提条件といえる。すなわち権限移譲は従業員の自発的行動を通じて役割調整を行うことを可能にする組織や上司が行う取り組みであり、権限移譲そのものが仕事の中身の変化や調整に結びつくわけではない。また従業員が同僚との間で仕事の割り振りを融通したり、調整したりすることができるワークシェアリングという仕組みも、役割調整を可能にする枠組みに過ぎないからである。

これに対して本書の主題であるジョブ・クラフティングは、権限移譲やワークシェアリングの枠組みの中で実際に役割調整を行う従業員の振る舞いを捉える概念である。詳しくは第4章で説明していくものの、このように「仕事の中身」に従業員が変更を加えていく概念を職務設計のプロセスに盛り込むことで、職務設計を双方向的に捉えるモデルの構築が可能になったといえる。

5-2．Clegg & Spencer（2007）の循環モデルの検討課題

ところでClegg & Spencer（2007）には、いくつかの点で追加的な検討を要する点が残されていると考えられる。第1に、役割調整を行う従業員像についての議論が十分になされていない。言い換えると、役割調整に主体的に取り組む従業員像と組織によって職務を与えられ受け入れていく従業員像をどのように理論的に位置づけることができるのかについて十分に議論が行われていない。従来の経営学では、従業員を「動機づけられる」存在として位置づけるとともに、経済的報酬や社会的交流など特定の欲求や要因やその組み合わせによって動機づけられる存在として位置づけてきた（Schein, 1970; 森永, 2010; 横内, 2023）。この点、Clegg & Spencer（2007）では、役割調整の視点としてジョブ・クラフティングを位置づけていることから、ジョブ・クラフティング研究が想定している能動的な人間モデルを暗黙の裡に仮定していると考えられる。しかしジョブ・クラフティングがどのような時に行わ

れて、どのような時には行われないのかを理解するためには、ジョブ・クラフティングを行う従業員についての理論的位置づけをもう少し丁寧に行う必要があるだろう。

第2に、第1の点とも関連するが、従業員がジョブ・クラフティングを行うとして、ジョブ・クラフティングが、なぜどのように従業員の自己効力感やモチベーションに結びついていくのかについて理論的に十分に説明が尽くされていない。ここでもClegg & Spencer（2007）では、ジョブ・クラフティング概念を持ち込むことでジョブ・クラフティング研究が想定しているロジックを援用していると考えられる。ただし、Wrzesniewski & Dutton（2001）で提示されたジョブ・クラフティングモデルが直接的に想定しているのは仕事の意味や仕事に対するアイデンティティの向上である。ジョブ・クラフティングが仕事のやりがいと結びつく論理について、より焦点化した議論を行うことが求められる。

5-3. Bakker, Demerouti, & Sanz-Vergel（2014）の循環モデル

循環的な職務設計モデルの代表としてもう1つ挙げることができるのがBakker, Demerouti, & Sanz-Vergel（2014）による循環モデルである。Bakker, Demerouti, & Sanz-Vergelの循環モデルは仕事の要求度－資源理論に依拠することでClegg & Spencer（2007）の循環モデルの課題として指摘された点を少なくとも部分的には解消できていると考えられる。

Bakker, Demerouti, & Sanz-Vergel（2014）の循環モデルは、仕事の要求度－資源理論の基づいており、モデルを説明するためには、そもそもの仕事の要求度－資源理論の理解が不可欠である。そこで以下では、いったんモデルの背景にある仕事の要求度－資源理論に立ち戻りつつ、仕事の要求度－資源理論に基づく循環モデルについて説明していく。

仕事の要求度－資源理論は、もともとストレス研究にルーツを持つ職務設計モデルであり、研究の発展とともに対象を拡張し従業員のウェルビーイン

グ全般を説明する理論として体系化されてきた。もともとは仕事の要求度と資源からなる仕事の特徴が、従業員のウェルビーイングに影響を与えるという一方向の関係を仮定したモデルであったが、最近では従業員のウェルビーイングが仕事の特徴に与える「逆の因果関係」に注目し、従業員がジョブ・クラフティングを通じて職務を変更していくプロセスにも注目するに至っている。

　仕事の要求度−資源理論の基本的な主張は大きく分けて3つに分けられる。まず仕事の特徴を仕事の要求度と資源という2つのカテゴリーに分類できると主張したことである。ここでいう仕事の要求度は、「従業員に身体的努力や心理的努力（すなわち認知的、情緒的努力）をし続けることを求めるために、身体的・心理的代償を伴う可能性のある仕事上の物理的、社会的、組織的特徴」（Demerouti et al., 2001, p.501）と定義される。具体的には、時間や仕事のプレッシャー、対人業務における情緒的負担、有害な物理的労働環境、役割の曖昧さや役割葛藤、役割過重などの仕事の特徴が含まれる（Hakanen & Roodt, 2010）。

　一方、仕事の資源とは「仕事の物理的、心理的、社会的、組織的側面で、(a) 仕事の要求度とそれに関連する生理的代償と心理的代償を低減し、(b) 仕事の目標を達成するうえで有効に機能し、(c) 個人の成長、学習、発達を刺激する側面」（Demerouti et al., 2001, p.501）と定義される。具体的には、給与やキャリア開発の機会といった就業条件のようなものから、上司や同僚の支援のような対人関係や社会的関係に関わるものも含まれる。また役割の明確さや意思決定への参加といった組織での仕事の進め方や仕事の自律性や仕事を遂行するうえで求められるスキル多様性、仕事の出来栄えに対して得られるフィードバックなどの仕事の特徴が含まれる。

　次に、仕事の要求度と資源という2分割された仕事の特徴が、それぞれ健康障害プロセスと動機づけプロセスという2つの異なるプロセスを引き起こすという主張である。1つ目の健康障害プロセスとは、高い仕事の要求度が、従業員の精神的資源と身体的資源の枯渇を介して、バーンアウトや不健康をもたらすという一連のプロセスを指している。例えば、組織側の指示が

過度にあいまいで、従業員がどのように役割を果たせばよいのか不明であるというような役割曖昧性が高い場合には、従業員はストレスを感じることになり、場合によってはバーンアウトに陥ることがあると考えられる。

　２つ目の動機づけプロセスとは、仕事の資源が仕事のやりがい[4]や組織コミットメントを高めるというプロセスを示している。本書で注目するように従業員が自分で判断して仕事を進めることができるという自己裁量の余地を提供することで、従業員は仕事に対するモチベーションを高めることになると想定されている。

　最後に仕事の要求度－資源理論では、仕事の要求度と仕事の資源の間には２種類の組み合わせの効果が生じると主張している。まず１つ目の組み合わせ効果は、仕事の要求度が心身の不調に与える影響に対する、仕事の資源が与える調整効果である。すなわち仕事の要求度が心身の不調に与える影響は、仕事の資源が豊かな場合に低減されると主張している。言い換えれば仕事の要求度が高くても、仕事の資源を十分に確保することができていれば、その悪影響は低く抑えられる（Bakker & Demerouti, 2017）というのである。

　もう一方の組み合わせ効果は、仕事の資源がもたらす動機づけ効果に対する仕事の要求度の調整効果である。仕事の資源と仕事のやりがいの関係に対しても、仕事の要求度が第３の変数として効果に影響を与えることが想定されている。ただし、仕事の資源と仕事のやりがいの関係において想定される仕事の要求度との組み合わせ効果は相乗効果（すなわち仕事の資源が仕事のやりがいを高める効果が、仕事の要求度が高い時により強くなる（Bakker & Demerouti, 2017）というもの）である。例えば、簡単で１人でも容易にこなせる仕事の時には周囲の支援があってもなくても仕事のやりがいにはあまり関係がないが、難しくて歯が立たないような仕事の時には周囲の支援があることが、仕事のやりがいに強く結びつくというものである。

　これらの基本的主張に加えて Bakker, Demerouti, & Sanz-Vergel（2014）では、従業員による自己調整プロセスを想定した循環モデルが提示されている（図2-5）。図2-5の最上部と最下部で描かれているように、従業員の自己調整行動であるジョブ・クラフティングにより、従業員が自発的に取り組む

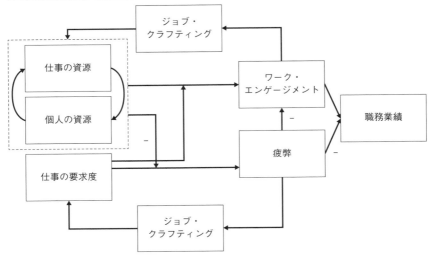

図2-5　ジョブ・クラフティングの視点を組み込んだ JD-R モデル

出所：Bakker, Demerouti, & Sanz-Vergel（2014）をもとに一部修正のうえ筆者作成

仕事の特徴に変更を加えて、得られる仕事の資源にも変更を加えていくプロセスが想定されている。すなわち仕事の特徴は、一方では組織側の職務設計によって提供されることで従業員のモチベーションの向上や疲弊の原因となるが、一方で従業員の自己調整行動であるジョブ・クラフティングによって変更されうるものであることが想定されている。

　なお Bakker, Demerouti, & Sanz-Vergel（2014）の循環モデルでは、Clegg & Spencer（2007）の循環モデルで指摘された2つの課題について、仕事の要求度－資源理論およびその関連理論である資源の保存理論とポジティブ感情の拡張形成理論に依拠することである程度解消されていると考えられる。詳しくは第3章と第4章で詳述していくが、やや結論を先取りすると、関連理論に基づいて以下の2点が補強されている。

　まず、職務設計プロセスにおける従業員像について資源の保存理論に基づいて位置づけられている。具体的には、従業員は自ら資源を維持したり、保存したりするために自ら環境に働きかけを行う能動的な存在として位置づけ

られている。そのため例えば従業員が職場で自ら求める職務と与えられた職務の間に不適合が生じた場合に、自分が保持しているさまざまな資源（例えば知識やエネルギー）を投資して、さらなる不適合の拡大を防いだり、資源の獲得を試みたりする存在として位置づけられている。

　そのうえでこのモデルでは、従業員の自己調整行動を引き出すことが、仕事の資源の獲得のスパイラルを引き起こし、喪失のスパイラルに対抗するうえで重要であると位置づけている。資源の保存理論では、仕事の資源と仕事のやりがいの間には一方が増加すると他方が増加し、その結果さらに一方が増加するといった獲得のスパイラルや逆に一方が減少すると他方が減少し、その結果さらに一方が減少するといった喪失のスパイラルが生じうることが想定されている。Bakker, Demerouti, & Sanz-Vergel（2014）ではこのような資源の性質を踏まえたうえで、従業員は、喪失のスパイラルを食い止めたり、獲得のスパイラルを生じさせたりしていくためにジョブ・クラフティングを上手に行っていく必要があると主張している。

　またジョブ・クラフティングがもたらす動機づけ効果についても理論的に補強されている。具体的には、ジョブ・クラフティングを仕事の要求度－資源理論の観点から再定義したうえでモデルに持ち込むことで、ジョブ・クラフティングが仕事の要求度や資源に変更を加えることで仕事のやりがいが高まるという論理が提供されている。組織側が従業員の仕事のやりがいに影響を与える論理と従業員のジョブ・クラフティングが仕事のやりがいに与える論理として共通の理論的枠組みを持ち込むことで、循環的な職務設計プロセスの効果についても一気通貫した理解が可能になっている。

　このように仕事の要求度－資源理論に基づく Bakker, Demerouti, & Sanz-Vergel（2014）による循環モデルは、本書が想定する人と仕事の不適合を解消しながら従業員の仕事のやりがいを高めていくための職務設計プロセスを理解するうえで現時点で最適な論理を提供するモデルであると考えられる。

6. おわりに

　本章では、職務設計の先行研究をレビューした。経営学の先行研究では、職務自律性が従業員の責任感を高めることを通じて仕事のやりがいが高まると想定してきたが、隣接領域では特定の仕事の特徴が過剰になったり、従業員のニーズと不適合が生じたりすると、必ずしも仕事のやりがいに結びつかないことがあると主張されていることが明らかになった。すなわち、一般的に良い影響を与えると考えられる職務の自律性も、過剰に与えられたり、本人が望まない形で提供されたりする場合には、やりがいに結びつかないということが示唆された。

　これらを踏まえて本章では、多様性の高まる現代の組織では、組織が従業員に仕事を与えるという単純な一方向の関係性を想定する職務設計研究の前提に問題がある可能性を指摘した。そして、最新の研究動向をもとに、組織と従業員が双方向的に職務を設計することで従業員の仕事のやりがいを高めるという循環モデルへ移行することが有効であることを主張した。

　ただし循環モデルを導入する際には、ただ単に従業員が仕事のやり方や範囲を変えることがあるという自己調整の視点を導入するだけでは十分ではない。本章ではこのような自己調整の視点を導入するにあたっては、2つの点で理論的整備が求められることを指摘した。1つ目は、職務設計プロセスにおいて想定される従業員に関する議論である。従来の一方向的な関係性を想定してきた職務設計研究では、従業員を組織によって与えられた仕事に取り組むだけの「受け身の存在」として従業員を位置づけてきた。一方循環モデルにおいては、自ら仕事に変化を加えてやりがいを創出したりウェルビーイングを高めたりしていく「能動的な存在」として従業員を位置づけている。もしマネジメントの視点から従業員を双方向の職務設計プロセスに取り込むと考えるのであれば、従業員がなぜどのようにこのような能動性を発揮する

のか、どのようにすれば組織は自己調整を促すことができるのかについて先行研究に基づきながら理論的に検討していく必要がある。

第2に、ジョブ・クラフティングの視点やジョブ・クラフティングがもたらす成果についての一層の理論的検討が求められる。本章で紹介した2つの循環モデルでは、ともに従業員による自己調整の視点としてジョブ・クラフティングを想定していた。ジョブ・クラフティングが双方向の職務設計プロセスを実現するうえで重要な視点であることは明らかである。ただし、ジョブ・クラフティング研究は2001年に提唱された後、さまざまな研究者によって実証的研究が展開されており、その理解は必ずしも一様ではない。またジョブ・クラフティングが従業員に与える成果についての関心は研究者によって異なっている。ジョブ・クラフティングが従業員の仕事のやりがいに結びつくメカニズムについては、ジョブ・クラフティング研究のレビューを通じて丁寧な理論的検討が求められると考えられた。

本章では、これら2つの点を少なくとも部分的に乗り越えたモデルとして仕事の要求度‐資源理論に基づいて提唱された Bakker, Demerouti, & Sanz-Vergel（2014）の循環モデルを紹介した。しかし上述した2つの理論的検討課題については、その理論的背景やジョブ・クラフティング研究の発展を丁寧に探求することなしに理解することは難しい。

そこで次章の第3章では、第1の点について検討していく。続く第4章では、第2の点について検討していくことにする。

(1) なお、同論文では同時に仕事の満足度（平均0.41）、成長に対する満足度（平均0.55）、についても想定したとおりのポジティブな関係を見出している。
(2) 具体的には、結果に対する知識はフィードバックと内的ワークモチベーションの関係を媒介していないことが明らかにされたものの、それ以外の基本仮説は支持された。
(3) ビタミン・モデルに基づく研究は、それほど多く蓄積されているわけでない。また、仮説が支持された場合でも非線形の関係を想定することで説明できる被説明変数の分散がそれほど大きいわけでないなど結果の解釈や一般化

には注意が必要な部分もある。

(4) 仕事の要求度－資源理論においては本書が想定する仕事のやりがいを捉える際にワーク・エンゲージメントという概念を用いて測定している。両者は厳密には異なるが、本書ではワーク・エンゲージメントを仕事のやりがいを捉える1つの概念として位置づけて用いていく。

第 3 章

職務設計プロセスにおける
自己調整とその理論的背景

1. はじめに

　第3章では、第2章で指摘した循環的な職務設計プロセスにおいて想定される従業員像について理論的に検討していく。議論に先立って、まずこれまでの経営管理論において従業員の能動的な自己調整がどのように扱われてきたのかについて概観する。そして経営学において従業員が自己調整を行う側面があることは古くから注目されてきたが、それらは目標による管理の領域に限定されており、職務設計研究には持ち込まれてこなかったことを主張していく。

　次に職務設計領域に自己調整の視点を持ち込んだ Bakker, Demerouti, & Sanz-Vergel（2014）の循環モデルで想定される従業員像について関連理論に基づいて検討していく。具体的には、このモデルが依拠する仕事の要求度－資源理論の関連理論である資源の保存理論とポジティブ感情の拡張形成理論をレビューし、これらの理論に基づいて従業員を位置づけることで、従業員が職務設計プロセスで能動性を発揮するメカニズムを理解し、組織が職務設計プロセスにおける従業員の能動的な自己調整を促すための足がかりを見出していく。

2. 経営管理論における自己調整

　第2章で明らかにされたとおり、成員の多様化した組織において従業員の自己調整が重要であると考えられるようになってきた。職務設計プロセスにおいて自己調整を行っていく従業員像を検討するに先立って、まずは経営管

理論において従業員の自己調整がどのように扱われてきたのかを検討する。

2-1. McGregor の Y 理論

経営管理論において従業員が自らを統制していく側面があること自体は、必ずしも新しい視点というわけではない。経営学の古典ともいえる McGregor（1960）は、命令と統制によって人を管理しようとする伝統的見解を X 理論と呼ぶ一方、従業員には「自発的に自分を命令統制しながらその達成に努力する」（McGregor, 1960; 邦訳 p.65）側面が存在することを示唆し、そのような視点で従業員をマネジメントしようとする視点を Y 理論と呼び、自己調整の視点を考慮したマネジメントを経営管理論に持ち込んだといえる。

また McGregor（1960）は「人間が成長し発展する可能性があり、統制には唯一絶対の形はなく、その場その場に即応したやり方を取る必要がある」（McGregor, 1960; 邦訳, p.55）ことを強調して、自律的な従業員をマネジメントする際には、従業員を画一的に扱うことに限界があることを示唆している。このように従業員を画一的でなく、多様な観点で捉える視点は科学的管理法に強く影響を受けた経済人モデルやホーソン工場実験に由来する社会人モデルなど、従業員を単純化して固定的・画一的に扱おうとするマネジメント理論とは異なる立場を取り、のちに Schein（1970）によって提示される複雑人モデルに結実していくと考えられる。

McGregor（1960）によって従業員が自己調整する側面があることが指摘されるようになると、職場における従業員の自己調整を理解し、促進していこうとする研究が少しずつ試みられるようになっていく。このような自己調整プロセスは学際的な観点で捉えられることになるが、その中の 1 つが臨床心理学にルーツを持つ自己調整モデルである。

ここで想定された自己調整モデルはいくつかのプロセスから構成されており、具体的には自己観察、自己判断、自己反応の 3 つの段階で捉えることができるとされる（Kanfer & Hagerman, 1987）。

第 1 の自己観察とは、自らが直面している出来事や自らの行動、思考につ

いて自分自身でモニタリングすることである。自己観察は、外部で起こった出来事や、肯定的・否定的な結果をきっかけとして生じることがあるとされる。

第2に、自己判断とは、現在の状態を、目標ないしは基準と比較することである。自己評価は、自己観察の結果として生じるものであり、自己観察が行われない時には、自己評価も行われないことになる。逆に目標設定が上手に行われている従業員の場合、自己観察の結果として不一致が上手に見出され、自己調整の必要性が認識されることになるだろう。

第3の自己反応の段階で、見出された不一致を解消する行動を取ることになる。もし組織から提供された業務が自分の能力や欲求とあっていない場合には、そのような状況について自分で振り返りを行い、気づきを得るとともに、解消しようとする行動を取ることで不一致を低減したり、より望ましい状態に変更を加えていったりすることができると考えられる。

このような一連の自己調整プロセスを想定して、自己調整を実践することの効果に注目する研究も行われている。例えば Brief & Hollenbeck（1985）は、保険会社のセールスパーソンに対して構造化されたインタビューと質問票調査を行い、企業から収集された業績データと結びつけることで自己調整と業績の関係について分析を行っている。具体的には、目標設定、自己観察に加えて、自己反応をより具体的に捉えた自己報酬と自己懲罰の2つを含む合計4つの自己調整方略が業績に与える影響について検討している。その結果、目標設定と自己観察は、業績との間に正の関係があることが認められたが、自己報酬と自己懲罰は業績との間に期待された関係を見出すことはできなかった。

Brief & Hollenbeck（1985）の研究結果は、従業員が職場で実践する自己調整の効果を部分的に示すものではあったが、やや期待外れなものであった。特に、自己報酬や自己懲罰のように従業員が目標達成に向けて自分の行動を方向づけていくために用いる方略の効果を実証することができなかった。また、そもそも自己報酬の戦略を用いていた従業員が調査対象者全体の8％程度にとどまっていることも明らかになった。そのためこれ以後の研究

では、従業員が自己調整方略を自然と活用していると見なすというよりは、自己報酬のスキルを教えるという研修の効果を実証する介入へと研究が方向づけられていくこととなった。

　一方で、自己調整スキルを訓練する介入研究は、一定の成果を収めている。例えば Frayne & Latham（1987）では、欠勤の多い従業員に対して人事部から研修に招待する形で介入研究が行われた。8週に及ぶトレーニングの結果、トレーニングを受けたグループの業績は統制されたグループよりも有意に高くなったことが示された。すなわち研修を通じて従業員の自己調整能力が高まるという結果である。さらにフォローアップ調査においてもその効果が持続していることが示された（Latham & Frayne, 1989）。

　ただしこの調査では、介入効果そのものというよりは、別の論点も強調された。自己報酬を設定することで従業員が目標達成を通じて得られる報酬への期待を高めるという効果よりも、トレーニングの成果が業績に結びつくためには高い自己効力感が必要であるという側面の方が注目されたのである。そして自己調整と業績を結びつける要因である自己効力感に注目した研究が蓄積されるようになっていく。

　2000年以降も Frayne と Latham による介入研究は継続的に実施されて成果を収めている。Frayne & Geringer（2000）は、Frayne & Latham のプログラムを基にした研修を30人の保険の営業職に実施する介入研究を行っている。その効果について研修を実施していない統制グループと比較したところ、自己効力感が自己調整戦略といくつかのパフォーマンス指標（セールスのために電話をかけた数についての自己報告と、売上の結果生じた収入のレベル）との関係を仲介するという結果を得ている。また Latham は別の共同研究者とともに介入研究を行い、自己言語誘導（Self verval guidance）に注目したうえで、従業員や学生の自己効力感を高めようと試みる訓練を実施している（Latham & Budworth, 2006; Millman & Latham, 2012）。

　ここまで紹介してきたように経営管理理論において自己調整は McGrgor（1960）によって持ち込まれ、古くから注目されてきた。McGrgor（1960）は目標による管理の文脈で Y 理論を提唱したため、自己調整研究も従業員の

目標達成プロセスにおける自己調整行動に注目して研究が蓄積されてきたと考えられる。

　しかし、目標達成プロセスにおける自己調整行動に注目する一連の研究では、従業員が自己調整行動をそれほど行っていないという発見に伴い、研修を通じた介入研究という形で限定的に取り組まれるようになっていった。逆にいえば、目標管理を実践するうえで取り組まれた自己調整研究は先駆的なものであったが、その他のマネジメント領域全般に自己調整する従業員像の視点を普及させていくほどの広がりを持つことはできなかったと評価できるだろう。

3. 職務設計における自己調整

　一方本書では、職務設計のプロセスにおいても従業員が自己調整を行っていくことを想定している。20世紀の職務設計研究では、自己調整の視点は十分に取り込まれてこなかったが、21世紀に入ってから従業員の自己調整の視点を盛り込んだ循環的な職務設計モデルが注目されるようになった。

　このうち第2章で紹介した Bakker, Demerouti, & Sanz-Vergel（2014）では、従業員を仕事の要求度−資源理論およびその関連理論である資源の保存理論とポジティブ感情の拡張形成理論に依拠して従業員を位置づけている。すなわち、資源の保存理論に基づいたうえで従業員は自ら資源を維持したり、保存したりするために自ら環境に働きかけを行う能動的な存在として位置づけている。加えて仕事の資源と仕事のやりがいの間には獲得のスパイラルや喪失のスパイラルが生じうることから従業員はジョブ・クラフティングを行うことで喪失のスパイラルを食い止めて獲得のスパイラルを生じさせていく必要があると位置づけている。

　ただし、ここで紹介した資源を獲得しようとする従業員像や資源とやりが

いとの間に生じるスパイラルについては、モデルが依拠する仕事の要求度－資源理論の関連理論である資源の保存理論とポジティブ感情の拡張形成理論についての体系的な説明なしに理解するのは困難である。

そこで以下では、循環的な職務設計プロセスで、仕事の特徴に対して能動的に自己調整を行う従業員像を理解するために、(1)資源の保存理論、(2)ポジティブ感情の拡張形成理論について概要を説明していく。そのうえでこれらの理論が提供する本書に対する示唆について第2章よりも一歩踏み込んで検討を行っていく。

3-1. 職務設計の自己調整の理論的背景①： 資源の保存理論

資源の保存理論は、もともとは臨床心理学にルーツを持つが、その後、徐々に組織心理学や組織行動論に応用されるようになってきた理論である。

資源の保存理論の基本的教義は、人は現在の資源を守り、新しい資源を獲得するように動機づけられるというものである（Hobfoll, Halbesleben, Neveu, & Westman, 2018）。なお、ここでいう資源とは、「自分自身で中心的な価値を置いているものや、価値を置いているものを獲得するための手段としての役割を果たすもの（Hobfoll, 2002, p.307）」と定義される。

先行研究では、資源を大きく4つに分けて整理している。すなわち物質・物体（家、食べ物、道具）、状態・条件（職があること、社会的支援、仕事のコントロールなど）、個人的特徴（専門的技能、効力感）、エネルギー（時間、金銭、知識）の4つである。（Hobfoll, Halbesleben, Neveu, & Westman, 2018）[1]。組織心理学や組織行動論では、このうち状態・条件や個人的特徴に該当する資源を取り上げることが多い。

資源の保存理論の基本的主張は、上述の教義（Tenet）のもとに、いくつかの原則（Plinciples）と補論（Collary）といった形でまとめられる[2]。そこで以下では、Hobfoll, Halbesleben, Neveu, & Westman（2018）に基づき、その基本的主張について、原則、資源間の関係に関する原則、補論の順番で

紹介していく。

　第1の原則は、損失優勢の原則である。資源を損失することはその資源を獲得することが個人にとって役立つことよりも、より心理的に有害であるという考えである。例えば、ある一定の額の賃金が下がることの悪影響は、同じ額の賃金が上昇することの良い影響よりも大きいと見なされている。資源の保存理論が損失の方が大きく、素早い影響をもたらすと考える理由は、人間が進化する過程で損失に敏感でないと生存できなかったからという理由によるものである。そのうえで、資源の保存理論では、人は以下の3つの時にストレスが生じると仮定している。第1に、中心的／主要な資源が損失の脅威にさらされた場合（つまり、損失の不安を感じた時）。第2に、中心的／主要な資源が失われた場合（つまり、損失が生じた時）。第3に、多大な努力にもかかわらず中心的／主要な資源を取得できない場合（つまり、獲得の失敗が起こった時）、である。

　資源の保存理論の第2の原則は、資源投資の原則である。この原則は、人は資源の損失に対抗して防御したり、損失から回復したり、資源を獲得するために資源を投資しなければならない（Halbesleben, Neveu, Paustian-Under-dahl, & Westman, 2014）というものである。この原則は、従業員が資源を失うような厳しい状況に直面した時に、どのように対処するのかを説明する際に用いられてきた。例えば、パンデミックによって自社の業績が悪化して年収が減った従業員は、貯金を使うことでこの困難に対処することができる。また、第2の原則では同時に人が将来の資源の損失に対して資源を投資することで対抗するものであることを指摘している。例えば、自社のビジネスが今後縮小していくことが予想される企業で働く従業員がいるとしよう。そのような状況に直面した従業員が、転職を可能にするスキルを獲得するためにMBAに通学する行動に出たとしよう。このような行動は、将来の資源の損失に対して従業員が行った資源投資行動であると理解することができる。

　第3の原則は、獲得逆説原則と呼ばれるものである。資源の獲得は、資源の喪失という状況下で一層重要性を増すというのである。なお第3原則に関連する補論として補論1がある。補論1では、もともと資源を持っている人

ほど資源損失に強く、資源損失に直面しても資源の獲得を画策しやすいとされる。一方で、もともと資源が少ない人に対して資源を注入することは、強い影響を持つことが示されている。このような状況との相互作用を考慮に入れる点は他のストレス理論にはない独自の点であると強調されている（Hobfoll, Halbesleben, Neveu, & Westman, 2018）。

　第4の原則は、人は資源が不足したり枯渇したりすると、自己を維持するために防衛モードに入るが、これはしばしば攻撃的であり、非合理的になるというものである。第4の原則は、他の原則と比べれば最も研究されていない原則であり今後実証的な知見を蓄積していくことが求められている。

　上述の4つに加えて Hobfoll, Halbesleben, Neveu, & Westman（2018）では、リソースキャラバンという考え方とリソースキャラバンパセージウェイ原則と呼ばれる新たな原則を紹介している[3]。

　ここでいうリソースキャラバンとリソースキャラバンパセージウェイ原則とは、資源同士が互いに影響を与える関係、そして、そのような関係に影響を与える状況に関する原則である。個人の持つ資源はそれぞれが独立しているわけではなく集合体（Salanova, Schaufeli, Xanthopolou & Bakker, 2010）として一体となって増加したり、減少したりする関係にあるという主張である。（そこで本書では以下、**資源の集合体仮説**と呼ぶ）。例えば組織で働く従業員の個人的な資源は、その従業員が働く組織が提供する資源から影響を受けるため、同じ従業員であっても、組織からの支援が豊かで意思決定の権限が与えられている職場環境で働いている時の方がそうでない時よりも、業務に取り組む際の自己効力感や楽観性が高まると考えられる。逆に、同じ従業員でも個人が孤立した状況で働かざるを得ない状況の方が、支援が豊かに得られる状況で働く時よりも、個人の自己効力感や楽観性が低下してしまう、といったことが考えられる。

　例えば Xanthopoulou, Bakker, Demerouti, & Schaufeli（2009）は、ファーストフード店にフルタイムで勤務する従業員42名に対する1週間の日誌調査を実施し仕事の資源が個人の資源を介して従業員のワーク・エンゲージメントや業績に影響を与えるという資源間の影響関係を検証している。調査で

は、一般的な仕事資源と個人資源の影響を統制したうえで、「日」レベルの仕事の資源が「日」レベルの個人資源を介してワーク・エンゲージメントと売上に与える影響を検討するマルチレベル分析を行っている。その結果、上司によるコーチングとワーク・エンゲージメントの関係を「日」レベルの自己効力感が完全媒介することが示された。加えて、チーム風土とワーク・エンゲージメントの関係を「日」レベルの自己効力感と楽観性が部分媒介することが示されている。このように従業員にとって好意的な職場の風土や上司のフィードバックが個人の資源を高めることを介してワーク・エンゲージメントを高めることを明らかにし、**資源の集合体仮説**を部分的に支持する結果を示している。

　さらに Hobfoll, Halbesleben, Neveu, & Westman（2018）では、3つの補論が紹介されている。補論1は、資源をもともと所有しているかどうかが、資源が損失する際の反応あるいはレジリエンスに大きく関係するというものである。もともとより多くの資源を持っている人は、資源を喪失しても脆弱性が低く、再び資源を獲得する能力が高い。逆に、資源をもともと持たない個人や組織は、一旦資源を喪失すると脆弱であり、再び資源を獲得する能力が低い、というものである。これはすでに紹介したように、第3の原則と関わるものであるが、同時に豊かな資源を持っている人は危機に直面しても他の資源を用いて対処することが可能であるという第2の原則とも深く関わるものとされる。

　補論2は、資源の損失にはスパイラル性があるというものである。第1の原則で指摘したように、資源の損失は資源の獲得よりも強力であり、資源が失われるとストレスが発生すると考えられている。そのため、ストレスの発生が繰り返されるたびに、個人や組織は資源の損失を補うための資源をさらに失うことになる。これにより、資源損失のスパイラルが発生し、損失の影響は、加速度的に増していくことになる。ここでいうスパイラルとは、例えば仕事の資源を失うことが情緒的消耗感を高めるという因果に加えて、高められた情緒的消耗感が仕事の要求度を高めることに結びつくという逆の因果を引き起こすことを示している。このようなスパイラル性を主張するストレ

ス理論は他になく、資源の保存理論の特徴であると主張されている。

補論3は、資源の獲得にもスパイラルの性質があるというものである。獲得のスパイラルとは補論2で想定された喪失のスパイラルと対の概念と位置づけることができる。例えば仕事の資源の増加が仕事のやりがいに結びつくという因果に加えて、高い仕事のやりがいが、一層の仕事の資源の獲得に結びつくという逆の因果が生じることを指す。なお、補論3では、資源の獲得は資源の損失に比べれば、規模が小さく、速度も遅いため、資源を獲得するスパイラルは弱く、発展するのに時間がかかる傾向があるとされる。ただし、獲得のサイクルは、喪失のサイクルと比べれば弱い性質を持つものの、従業員の仕事のやりがいを高めるために組織や個人が取り組める方法は獲得のスパイラルを生じさせる以外に方法がないとされる。このように、従業員のウェルビーイングを維持・向上させていくためには補論3で想定された獲得のスパイラルを生じさせることが重要であると考えられている。

このような獲得のスパイラルについては、実証的なエビデンスも提供されている。例えばHakanen, Perhoniemi, & Toppinen-Tanner（2008）では、フィンランドの2,555人の歯科医師を対象に、3年の間隔をあけた2波のパネル調査を行い仕事の資源とワーク・エンゲージメント、個人レベルの自発的行動とユニットレベルの革新性の獲得のスパイラルを検証している。その結果、仕事資源とワーク・エンゲージメント、ワーク・エンゲージメントと個人レベルの自発的行動との間にラグ付きの正の関連が見られ、これらの変数間には、獲得のスパイラルの関係があったと結論づけられている[4]。

3-2. 職務設計の自己調整の理論的背景②： ポジティブ感情の拡張形成理論

2つ目に、ポジティブ感情の拡張形成理論を取り上げて説明していく。ポジティブ感情の拡張形成理論は、資源の保存理論で扱われるさまざまな資源のうち、個人の資源の1つである効力感など一部の要因の影響に特化した理論であると位置づけられる。一方で資源の保存理論と同様に、ポジティブ感

情が獲得のスパイラルと呼ばれる好循環をもたらすことを想定しており、従業員と資源との間で生じる相互作用を説明する論理を補強する理論といえる。以下では、まずポジティブ感情とは何かを明確にしたうえで、ポジティブ感情の拡張形成理論の主張を紹介していく。

ポジティブ感情[5]とは、具体的には喜び、興味、熱心さ、愛情、誇り、満足などのことを指す。ポジティブ感情が人にもたらす影響は心理学において長らく軽視されてきたが、最近ではポジティブ心理学の台頭を受けて科学的な研究が欧米を中心に進むようになってきた。また、日本の経営学あるいは組織行動論においても、ポジティブ感情やその影響に注目した研究は2000年代半ばまで十分に蓄積されてこなかった（金井・高橋，2008）。

組織における感情研究では、Russel（1980）の円環モデル（circumplex model）に基づいて感情を捉えることが多い。円環モデルにおいて感情は、感情覚醒次元（低覚醒から高覚醒）と感情価（valence）次元（ネガティブからポジティブ）の2軸で整理される。そのうえでポジティブ感情は、感情価次元によりポジティブに整理された感情全般を指すものとして用いられる。

ポジティブ感情に注目する研究の中では、喜びや興味など異なるさまざまな感情を対象として議論することが多く、実証においてもそれらを区別せずにまとめて分析に用いることが多い。Fredrickson（2004）は、特定のポジティブ感情が特定の行動と結びつくという関連性の強さは、ネガティブ感情が特定の行動と結びつく関連性と比べてれば相対的に弱くあいまいであると指摘している。そのためポジティブ感情に注目する研究では、経験したさまざまなポジティブ感情の強さを測定したうえで、それらを合成して用いられる（Diener, Thapa, & Tay, 2020）。

なお、ポジティブ感情の測定においては Watson et al.（1988）による PANAS（Positive and Negative Affect Schedule）尺度が用いられることが多い。この尺度は、ポジティブ感情とネガティブ感情とを測定しようとするそれぞれ10項目ずつ合計20項目の質問項目から構成される。日本語版尺度としては、佐藤・安田（2001）と川人ら（2012）の2つが作成されている。佐藤・安田（2001）では、探索的因子分析の結果、共通性が低いと判断された

項目など4項目が削除された8項目ずつの合計16項目について、川人ら（2012）は20項目すべてについて日本語版尺度を作成している。

　ポジティブ感情の拡張形成理論とは、ポジティブな情動や感情が人のウェルビーイングを促進するメカニズムを説明しようとする理論である。具体的には、喜び、興味、満足や誇り、興奮といったポジティブな情動は人の主観的な思考−行動のレパートリーを拡張するとともに、その人の個人的資源を持続的に形成する働きがあると主張する（Fredrickson, 2001; 2004; Salanova, Schaufeli, Xanthopolou & Bakker, 2010）。

　上述したポジティブ感情の拡張形成理論の主張は大きく2つに分けられる。以下では、それぞれについてより具体的に説明していく。まず1つ目の主張は、ポジティブ感情は特定の行動を強く引き出すわけではないものの、ある人がある場面で取るべき思考や行動等の選択肢の幅を広げる、すなわち拡張する働きがある、というものである。職場の問題に引き寄せれば、従業員のポジティブな感情を引き出すことは、決められた仕事を手順どおりにやるだけでなく、他にもっと良いやり方がないのかについて考えたり、実践したりすることに結びつくと考えられる。

　2つ目の主張は、ポジティブな感情を感じていることが、長期的な適応を促進するというものである。ポジティブな感情に基づき、自分が取るべき行動について幅広い選択肢を検討することは、短期的に見れば必ずしも効率的ではないかもしれない。しかし、そのような思考錯誤を行うことが長期的に従業員の社会的資源（例えば社会サポート）、知的資源（例えば知識）、心理的資源（例えばレジリエンス）などを形成することに結びつくというのである。先に挙げたとおり、職場で仕事を遂行する際に、決まった方法があるにもかかわらず、毎回異なる方法を模索する行動は短期的には効率的ではない。しかし異なる方法を試して試行錯誤する経験は、それを経験しない場合と比べて従業員にさまざまな知識やスキルを提供することになるため、中長期的には変化や例外事象への適応力を高めると考えられるのである。

　このようにポジティブ感情の拡張形成理論では、ポジティブ感情を通じてさまざまな機会の中で脅威を正しく把握、対処していく能力を形成していく

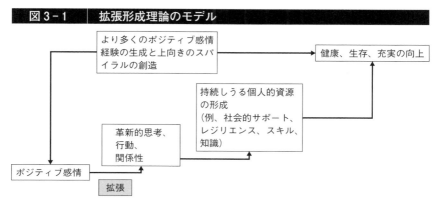

図3-1　拡張形成理論のモデル

出所：Fredrickson & Cohn（2008）p.783の図48.1をもとに修正のうえ筆者作成

という「拡張を通じた形成の累積効果」によってポジティブ感情が中長期的な従業員のウェルビーイングを高めていく効果があると主張している（**図3-1**）。

　なおポジティブ感情の拡張形成理論では、上述の2つの主張に加えていくつかの追加的な主張を行っている。ここでは、Fredrickson（2004）に従って2つの追加的主張を紹介していく。

　1つ目の追加的主張は、ポジティブ感情はネガティブ感情の影響を打ち消す効果（undo effect）があるというものである。Fredrickson et al.（2000）は、大学生170名に対する実験を通じてポジティブ感情がネガティブ感情によって生じた心臓血管系の反応を早く打ち消す効果を持つことを明らかにしている。実験では、短時間でスピーチを作成するよう求められて不安を感じた従業員に対して異なるタイプの映画を見るよう依頼し、そこで経験する感情が実験参加者に与える影響を検討している。実験の結果、満足感を感じさせる映画と楽しいという感情を感じさせる映画は、中立の感情を感じさせる映画や悲しい感情を感じさせる映画に比べ、参加者の心臓血管系の反応[6]の回復を早めることが明らかにされた。

　2つ目の追加的主張は、ポジティブ感情が、心理的なレジリエンス（回復力）を高めるというものである。Tugade & Fredrickson（2004）は特性的レ

ジリエンスの高い人はポジティブな感情を用いて、ストレスフルな出会いから立ち直り、ポジティブな意味を見出すという仮説を設定して検証を行った。大学生に対する複数の実験を行った結果[7]、その一部を実証している。具体的には1つ目の実験において、スピーチを行うよう準備するよう求められた大学生に生じるネガティブ感情と心臓血管系の反応の持続時間および、それらに対するポジティブ感情が与える影響について測定を行っている。その結果、特性レジリエンスは心臓血管系の反応の持続時間と負の相関があることが明らかになったが、両者の関係をポジティブ感情が媒介することが明らかになった。このことから、Tugade らは、特性レジリエンスが高い被験者はポジティブ感情を活用することを介して課題で生じた心臓血管系の反応を早く打ち消したと解釈している。

　このようにポジティブ感情の拡張形成理論では、ポジティブ感情をレジリエンスの成果としてだけでなく、レジリエンスの高い人が効果的な回復を行うために活用する資源としても位置づけ、レジリエンスを高めるうえでポジティブ感情が有効であるという主張を展開している。

3-3．資源の保存理論とポジティブ感情の拡張形成理論が本書に提供する示唆

　ここまで紹介してきた資源の保存理論とポジティブ感情の拡張形成理論は、仕事の要求度−資源理論が想定する従業員像や従業員と職場環境との相互作用を説明する際の理論的基盤となっている。以下では、第2章で指摘した点を含む3つの観点から示唆を見出していきたい。

　第1の示唆は、循環的な職務設計モデルにおける能動的な従業員像に関する示唆である。資源の保存理論の基本的教義では、組織で働く従業員は自分が価値を置く資源（すなわち、自律性や人間関係、成果に対するフィードバックといったさまざまな価値あるもの）を得ようと努力するものだと仮定されている（Hobfoll, 2002）。このような資源の保存理論によって提示される理論的仮定に基づいて従業員を位置づけることで、職務設計プロセスでなぜ職務範囲

や職務環境に従業員が自ら変更を働きかけるのかを理解することが可能になるだろう。

　第2は、従業員が自己調整を取るようになる理由やその帰結に関する示唆である。資源の保存理論の補論の2と3やポジティブ感情の拡張形成理論では、資源の喪失や獲得にはスパイラル性があると主張している（Hobfoll, Halbesleben, Neveu, & Westman, 2018）。この主張に基づけば、仕事の資源と仕事のやりがいの間には循環的な関係があると同時に、従業員が行う自己調整行動が両者の間で獲得と喪失のスパイラルを仲介していると考えることができるようになる。自己調整のない状態では、一旦資源の喪失が生じると従業員は喪失のスパイラルに陥ってしまう。従業員には、資源が失われそうな状況で、喪失のスパイラルに陥ることを防ぎ、獲得のスパイラルを生じさせる適切な自己調整としてジョブ・クラフティングを行うことが求められるようになると考えられる。

　なお、原則4で指摘されるような資源の枯渇に陥った従業員は必ずしも合理的とはいえない対処方法を取り、一層の喪失のスパイラルに陥ってしまうことが生じうる（Hobfoll, Halbesleben, Neveu, & Westman, 2018）。組織は短期的・中長期的なさまざまな資源を提供することを通じて従業員の資源が枯渇しないように支援し、適切な自己調整を取れるように支援していくことが求められる。

　これらの点に関わる第3の示唆が、従業員のジョブ・クラフティングを組織が促すメカニズムに関するものである。資源の保存理論の**資源の共同体仮説**では、個人が保有している資源はそれぞれが独立しているわけではなく、一体となって増加したり、減少したりする関係にあると考える（Hobfoll, Halbesleben, Neveu, & Westman, 2018）。この**資源の共同体仮説**に基づけば、組織が組織的資源（周囲からの支援や管理者のリーダーシップ、人事制度の設計や組織風土の醸成）を個人に提供することで、「資源の集合体」を構成し、従業員が適切な資源獲得行動であるジョブ・クラフティングを行うように間接的に促すことができると考えることができる。なお、やや議論を先取りする形になるが、本章の第5章以降では従業員のジョブ・クラフティングを促す組

織のマネジメントについて検討していく。第5章以降では、ここで想定された**資源の集合体仮説**に基づき組織が資源の提供を通じてジョブ・クラフティングを促すという基本仮説に基づいて、実証研究における個々の仮説を導出していくことになる。

4. おわりに

　本章では、まず、検討に先立って経営管理論において従業員の自己調整の視点がどのように持ち込まれ、どのように展開されてきたのかについてレビューを行った。次に、資源の保存理論とポジティブ感情の拡張形成理論をレビューし、以下の示唆を得た。第1に、従業員は自分が価値を置く資源を得ようと努力するものだと位置づけられること。第2に、従業員は獲得のスパイラルと喪失のスパイラルと呼ばれる好循環もしくは悪循環に巻き込まれる存在であることが明らかにされた。そのため循環的な職務設計プロセスを有効に活用して、従業員と職務環境の間で生じうる悪循環を断ち切り、好循環を生み出していく自己調整を従業員が行う必要があることが明らかにされた。

(1) すぐに気づくように、このような資源の整理は極めて抽象度の高いものになっている。そのため資源の保存理論で想定される資源の定義の曖昧さについては、批判されることも多い（Halbesleben, Neveu, Paustian-Underdahl, & Westman, 2014）。
(2) 主張の全体像は一致しているものの、各論文で紹介される原則や補論の数については徐々に変化している。例えば Halbesleben, Neveu, Paustian-Underdahl, & Westman（2014）では、2つの原則と4つの補論が紹介されている。一方 Hobfoll, Halbesleben, Neveu, & Westman（2018）では、4つの原則と資

源間の関係に関する原則、3つの補論が紹介されている。

(3) ただし、この原則については Salanova, Schaufeli, Xanthopolou & Bakker（2010）でも紹介されており、早い段階から想定されてきた原則といえそうである。

(4) ただし、個人レベルの自発的行動は2波時点のワークユニットの革新性にプラスの影響を与えていたものの、その逆の関係は見られず、この2つの変数間については、獲得のスパイラルの関係が見出されなかったことも同時に報告されている。

(5) 感情は Emotion および Affect の訳語として用いている。理論的には対象が比較的明確で変わりやすい感情（Emotion）と対象が明確になく変わりにくい性質を持つ気分（Mood）とを区別するべきであるという主張がされることも多いが、実証的あるいは臨床的には十分には区別されていない（Fredrickson, 2004）。

(6) 心拍や血圧などが用いられる。

(7) この実験で感情を測定する際には、PANAS 尺度（Watson et al., 1988）に独自項目を加えた測定を行っている。なお独自項目を加えることで説明できる分散が12％増加したため、分析では独自項目を加えた修正版尺度が用いられている。

第4章

ジョブ・クラフティング
研究の登場と展開

1. はじめに

　本章では循環的な職務設計モデルを成立させるキー概念として想定された
ジョブ・クラフティングについて紹介し、その研究動向を整理していく。
ジョブ・クラフティング研究は2001年に提唱されて以降大きく2つの研究潮
流に分かれて研究が蓄積されるようになっている。そこでまず、ジョブ・ク
ラフティングとはどのような概念なのかを紹介したうえで、2つの異なる研
究動向を概観する。

　そのうえで要求度−資源理論に依拠する職務設計モデルに注目する本書の
立場に基づいて、ジョブ・クラフティングの資源ベースアプローチの特徴に
ついて明らかにしていく。次に、資源ベースアプローチの研究動向を概観し
たうえで、本書の問題意識に引き寄せた研究課題としてジョブ・クラフティ
ングのマネジメントについての実証的検討が必要であることを指摘してい
く。

2. ジョブ・クラフティング研究の概観

　ジョブ・クラフティングは、2001年に Wrzesniewski と Dutton という2
人の女性の学者によって提唱された学術的な概念である。ジョブ・クラフ
ティングの特徴は、既存の職務設計研究が組織や管理者から従業員に対して
トップダウン的になされると見なしていた仕事の割り当てにボトムアップの
視点を盛り込んだ点にある（Oldham & Fried, 2016）。その意味でジョブ・ク
ラフティングは、本書が注目する従業員視点による職務設計の自己調整を捉

える有望な視点といえる。

　ジョブ・クラフティングのもう1つの特徴は、成果変数として従業員の
ウェルビーイングへの影響を想定していることである。第2章でも触れたよ
うに、従業員が職務範囲や職務遂行に関わる対人関係に能動的に変更を加え
ることは、いくつかの先行研究で指摘されてきた。しかし、それらの行動は
主として組織成果を高めるための行動として想定されており、従業員がやり
がいを感じることや、仕事に意味を見出すことは研究の対象外とされること
が多かった。これに対してジョブ・クラフティングでは、従業員が仕事の意
味を見出すことや仕事のアイデンティティを感じられるようになることなど
が想定されている。また場合によっては組織にとっては都合の悪い個人の身
勝手な行動まで含む（Wrzesniewski & Dutton, 2001）概念として提唱されて
いる点に特徴がある。

　ジョブ・クラフティング研究は、その発展に伴って2つの研究群に分かれ
て研究が蓄積されるようになってきた。もともとの提唱者である Wrz-
esniewski たちのモデルに従う研究群は、後に役割ベースアプローチと呼ば
れるようになる3次元から構成されるオリジナルモデルに基づいて、質的研
究を中心とした研究知見を発信し続けている（Berg, Wrzesniewski & Dutton,
2010; Wrzesniewski, Berg & Dutton, 2010）。

　一方2010年代に入ると、Tims らによって仕事の要求度－資源モデルの観
点からジョブ・クラフティングを再定義した研究が蓄積され始める（Tims
& Bakker, 2010）。のちに資源ベースアプローチと呼ばれるようになる一連の
研究では、尺度開発が行われ、定量的研究や定量的な介入研究が蓄積される
ようになっていく[1]。

　そこで以下では、まずジョブ・クラフティングの2つの研究群を概観し、
両者の違いを明確にしたうえで、本書で資源ベースアプローチに依拠するこ
とが有望であると考える理由を説明していく[2]。

2-1．役割ベースアプローチ

　まず役割ベースアプローチではジョブ・クラフティングを「個人が自らの仕事のタスク境界もしくは関係的境界においてなす物理的・認知的変化」（Wrzesniewski & Dutton, 2001, p.179）と定義している。WrzesniewskiとDuttonは、従業員は後述する3つの次元のジョブ・クラフティングを通じて仕事の設計や仕事を取り巻く社会環境に変更を加えることができると考えた。そしてこれらを通じて仕事に対して見出す意味やアイデンティティを自ら変更できると主張した（**図4-1**）。

　役割ベースアプローチでは、ジョブ・クラフティングを、(1) 仕事のタスクの量、範囲、またはタイプを変更すること（＝タスク・クラフティング）、(2) 仕事における社会的相互作用の質、または量を変更すること（＝関係性クラフティング）、(3) 仕事の捉え方を変更すること（＝認知的クラフティング）の3つの次元から構成するものと見なしている（Wrzesniewski & Dutton,

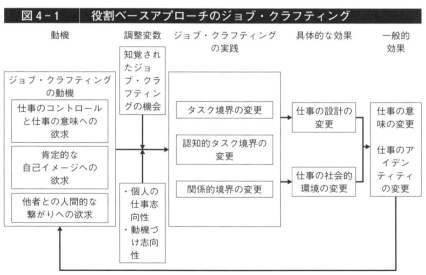

図4-1　役割ベースアプローチのジョブ・クラフティング

出所：Wrzezeniewski & Dutton（2001）の図1をもとに修正のうえ筆者作成

2001)。

　第1の次元は、タスク・クラフティングである。仕事（Job）は、より小さな単位のタスクから構成されており、このタスクの量や範囲などに変更を加えることはジョブ全体を変更していくことにも繋がると考えられる。例えば、Berg et al.（2013）では、音楽に興味を持っている歴史の先生が音楽を関連させたカリキュラムをつくることなどの例が挙げられている。

　第2の次元は、関係性クラフティングである。仕事を進めるうえで生じる職場での相互作用は従業員が仕事に対して見出す意味やアイデンティティに影響を与える。そのため、職場で接触する人間関係の広がりや関わり方に変化を及ぼすこともジョブ・クラフティングの1つと位置づけられている。Wrzesniewski & Dutton（2001）は、病院の清掃スタッフが自分自身をケアに関わる業務に従事していると自らの役割を位置づけることで(3)患者やその家族と積極的にコミュニケーションを取るようになる、といったケースを紹介している。

　第3の次元は、認知的クラフティングである。他者が客観的に捉えることはできない主観的な側面のジョブ・クラフティングであるため、マニュアルなどによって業務手順が細やかに決められている業務においても取り組むことができると考えられている。例えば先の病院の清掃スタッフの事例のように、自分の仕事をどの範囲に位置づけるのかは従業員によって変えていくことができる。自分を掃除係と見なすだけでなく、ヘルスケアを提供するサービスの一端を担っている、というようにより広く自分の役割を位置づけ直すことなどが認知的クラフティングとして想定される。

　ここで提案された3次元モデルは、やや異なる性質のものを統合的に理解しようとする点に特徴がある。最初の2つの次元は、他者からの観察により客観的に観察可能な変更である。一方最後の認知次元は従業員内部で生じる職務の位置づけや認識の変更であり観察不可能である。これまで職場で従業員が主体的行動を取ることは組織行動論のいくつかの先行研究において指摘されてきた（例えば、Ashford & Tsui, 1991; Organ, Podsakoff, & MacKenzie, 2005; Staw & Boettger, 1990、日本の研究では、浅海，2006；野中・米倉，1984な

どが挙げられる）[4] ものの、それらはタスク次元や関係性次元など単独の次元に関する変更に注目する概念であった。これに対してジョブ・クラフティングは３つの次元を統合している点に概念としての独自性がある（Wrzesniewski & Dutton, 2001）と主張されてきた。

▍2-2.　資源ベースアプローチ

一方、ジョブ・クラフティングを第２章で説明した仕事の要求度−資源理論に基づいて再定義したのが資源ベースアプローチと呼ばれる研究群である。このアプローチではジョブ・クラフティングを「職務上の要求や職務上の資源と個人の能力およびニーズとのバランスを取るために、従業員が行いうる変化」（Tims, Bakker & Derks, 2012, p.174）と定義している。

Tims & Bakker（2010）によって提案されたモデルでは、従業員と仕事の間に生じた不適合によってジョブ・クラフティングが引き起こされる。そしてジョブ・クラフティングを通じてその不適合が解消されると、ワーク・エンゲージメント[5] が高まるというプロセスが想定されている。（図4-2）。その理由は、従業員がジョブ・クラフティングを通じてワーク・エンゲージメントに影響を与える仕事の資源や仕事の要求度に変更を加えることができるからである。

なお、LePine, Podsakoff, & LePine（2005）によれば仕事の要求度には、仕事のやりがいを高める要因となりうる挑戦的な仕事の要求度と健康障害を

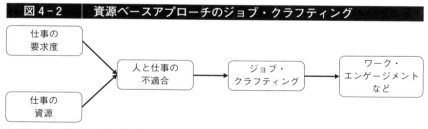

図4-2　資源ベースアプローチのジョブ・クラフティング

出所：Tims & Bakker（2010）を参考にして大幅に省略のうえ筆者作成

引き起こす障害的な仕事の要求度の2種類があるとされる。前者には仕事の複雑性等の要因が含まれモチベーションと正の影響を持つ。一方、後者には役割曖昧性などの要因が含まれモチベーションと負の影響を持つとされる。

　そのため従業員のジョブ・クラフティングは、仕事の資源と挑戦的な要求度に対して増加させようとする行動がとられる。また障害となる仕事の要求度に対しては、低下させようとする行動がとられることが想定されており、結果として仕事のやりがいに結びつくと考えられている。

　上述の議論を踏まえて Tims & Bakker（2010）では、ジョブ・クラフティングを、（1）仕事の資源を高める、（2）挑戦をもたらす仕事の要求度を高める、（3）障害となる仕事の要求度を低める、からなる3つの次元からなるジョブ・クラフティング次元を理論的に主張している。以下では、それぞれについて説明していく。

　第1の仕事の資源を高めるタイプのジョブ・クラフティングは仕事の資源－要求度理論に基づく最も素直な自己調整行動であると考えられる。仕事の資源には、職務自律性や社会的支援などが含まれ、これらが高まるとワーク・エンゲージメントが高まるとされている（Halbesleben, 2010）。そのため、例えば職務自律性が高い状況で、さらに社会的支援を高めるジョブ・クラフティングに取り組むことはワーク・エンゲージメントや仕事のやりがいを高めることに結びつくと考えられる。

　第2の挑戦をもたらす仕事の要求度を高めるタイプのジョブ・クラフティングは、新しい役割や業務を獲得しようとするタイプのジョブ・クラフティングが含まれる。従業員は、組織側から与えられた仕事が自分の能力を発揮するための機会を十分に提供するものでないと感じた時には、より多くの挑戦を自ら生み出すために、タスクを追加するよう求めたり、興味深いプロジェクトグループにボランティアとして参加したりすることで、仕事の要求度を自ら高めることができる（Tims & Bakker, 2010）。このような行動を通じて従業員は自分の仕事を挑戦性があり、やりがいのあるものへと変えていくことができると考えられている。ただし、十分な仕事資源がない状態で仕事の要求度を追加すると、健康障害プロセスを引き起こしてしまう可能性が

高まる。そのため要求度を高めるタイプのジョブ・クラフティングも、状況に応じて適度な範囲内に収めることも重要である（森永，2023）。

　第3の障害となる仕事の要求度を低めるタイプのジョブ・クラフティングは、要求度を下げることで仕事の資源とのバランスを適正に戻すという「縮小型」のジョブ・クラフティングである。仕事を同僚に手伝ってもらうことで業務量を減らしたり、要求が厳しい同僚や顧客との接触を減らしたりすることができれば仕事上の負担を低下させることができると考えられる（Tims & Bakker, 2010）。このようなジョブを縮小する、という点についてはWrzesniewski & Dutton（2001）の役割ベースアプローチでも指摘されていたものの、Tims & Bakker（2010）によってより明確に下位次元として整理された一面であるといえるだろう。

　資源モデルの特徴は、モチベーションを高める従業員の実際の行動に研究関心を限定し、オリジナルモデルに含まれていた認知的クラフティングを除外している点にある。Tims & Bakker（2010）では、ジョブ・クラフティングの対象を仕事の資源や要求度にあたる要因を想定して概念化しているが、それらは主としてタスク・クラフティングに当たるものであり、関係性クラフティングも社会的支援を提供する側面に限定されるような形で部分的に盛り込まれている。

2-3. 2つの視点の比較と本研究の立場

　2つのアプローチの特徴を整理したのが**表4-1**である。ジョブ・クラフティング研究はもともと Wrzesniewski & Dutton（2001）によって主張された役割ベースアプローチを源流とするものであるが、Tims & Bakker（2010）によって要求度−資源モデルに基づいた再定義が行われた。役割ベースアプローチでは、従業員がもたらすさまざまな次元の変化を包括的に捉える視点を提供しているが、資源ベースアプローチでは、人と仕事の間で生じた不適合を改善しウェルビーイングを向上させる効果がある特定的なタイプのジョブ・クラフティングへと焦点化されている。

表4-1	ジョブ・クラフティングのパースペクティブの対比			
ジョブ・クラフティングのパースペクティブ	定義	目的と動機	ターゲット	タイプ
Wrzeniewski & Dutton（2001）	「個人が自らの仕事のタスク境界もしくは関係的境界においてなす物理的・認知的変化」（Wrzesniewski & Dutton, 2001, p.179）	・コントロールを主張するため。 ・肯定的な自己イメージをつくるため。 ・他人と繋がるため。	・タスク境界 ・関係性境界 ・認知境界	・タスククラフティング ・関係性クラフティング ・認知的クラフティング
仕事の要求度－資源モデル（Tims et al., 2012）	「職務上の要求や職務上の資源と個人の能力およびニーズとのバランスをとるために、従業員が行ういうる変化」（Tims, Bakker & Derks, 2012, p.174）	・人と仕事の適合を改善するため。 ・ワークエンゲージメントを高めるため。 ・健康障害を避けるため。	・仕事の要求度 ・仕事の資源	・挑戦の向上 ・資源の向上 ・要求度の低減

出所：Wang, Demerouti, & Bakker（2016）に基づき筆者作成

　このうち資源ベースアプローチは後発ではあるものの、既存理論に紐づいた尺度開発が行われており、ヨーロッパを中心に定量的研究が多数蓄積されるようになった。そのため、研究「数」で見ればジョブ・クラフティング研究の主流になりつつあるといってもよいだろう[6]。

　ここまで述べてきた違いを踏まえて本書では、資源ベースアプローチに依拠してジョブ・クラフティングを捉えて用いていく。その理由は大きく分けて3つである。

　第1に、目的や問題意識の観点である。本書の関心は仕事のやりがいに影響を与える循環的な職務設計プロセスにおけるジョブ・クラフティングのマネジメントである。ジョブ・クラフティング研究の中でも、ジョブ・クラフティングの動機づけ効果や仕事のやりがいの向上に注目して発展してきたのが資源ベースアプローチのジョブ・クラフティングであると考えられる。これらを踏まえて本書では、役割ベースアプローチよりも、資源ベースアプローチの方が本書と近い問題意識に焦点化して蓄積されてきたジョブ・クラフティング研究であると評価している。

第2に、理論的背景の観点である。資源ベースアプローチは、仕事の要求度−資源理論やその関連理論である資源の保存理論、ポジティブ感情の拡張形成理論に依拠して研究が蓄積されてきている。すでに述べたように本書では、Bakker, Demerouti, & Sanz-Vergel（2014）のモデルに依拠して職務設計プロセスの中にジョブ・クラフティングを位置づけている。このモデル自体が、仕事の要求度−資源理論に依拠していることから、ジョブ・クラフティングについても資源ベースアプローチに依拠することが論理的一貫性の観点から適当であると考えられる。

第3に、方法論の観点である。本書では、組織のマネジメントが従業員のジョブ・クラフティングに与える影響について質問票調査を通じた検討を行いたいと考えている。役割ベースアプローチが依拠する Wrzesniewski & Dutton（2001）の3次元に基づいた尺度開発や質問票調査も行われていないわけではない（例えば、Sekiguchi, Li, & Hosomi, 2017; Slemp, & Vella-Brodrick, 2013）ものの、本書が想定する循環的な設計モデルとの接合という観点も考慮すると資源アプローチに依拠するのが適当であると考えた。また資源ベースアプローチでは通常のクロスセクショナルの質問票調査に加えて日誌法研究を用いた実証的知見も数多く蓄積されている。本書でも、組織のマネジメントが従業員のジョブ・クラフティングに与える影響について日誌法を用いた詳細な検討を行っていきたいと考えている。資源ベースアプローチで用いられているこのような方法論に関する蓄積は、本書で実証的研究を行っていくうえで重要な道しるべとなると考えた。

3. 資源ベースアプローチの 研究動向と課題

以下では、資源ベースアプローチのジョブ・クラフティングの研究動向を概観していく。まず資源ベースアプローチで用いられる測定尺度について紹

介し、本書の立場を明らかにする。次にジョブ・クラフティングが動機づけ効果を有すると主張する研究の動向を紹介する。最後に今後の課題として従業員のジョブ・クラフティングに影響を与えるマネジメント要因を探究する必要性を指摘する。

▍3-1. 尺度の開発とその次元の検討

　資源ベースアプローチのジョブ・クラフティングの先行研究は、積極的に質問票調査を用いた定量的研究を展開してきた。そのベースとなったのがTims et al.（2012）によって仕事の要求度－資源理論に基づいて開発された測定尺度である。Tims et al.（2012）は、Tims & Bakker（2010）の理論的仮定に基づきながら尺度開発を行い、最終的に「構造的な仕事の資源の向上」、「対人関係における仕事の資源の向上」、「挑戦的な仕事の要求度の向上」、「妨害的な仕事の要求度の低減」の4次元尺度を開発している。この尺度は2023年1月現在で2008件の被引用数（Google scholar による）を誇っており、国際的に見てジョブ・クラフティングを測定する際に最も頻繁に測定されている尺度の1つであると考えられる[7]。

　ただし、すでに述べたように Tims et al.（2012）の尺度を用いている研究論文がすべて4次元の尺度を用いているわけではない。論文の中には特定の次元のみを選択して用いているものもあれば（例えば Matsuo, 2019）、接近型の3次元だけを用いる論文もあるし（例えば、Bakker, Tims, & Derks, 2012）、「構造的な仕事の資源の向上」を除いた3次元を用いる研究もあり、これらの次元選択に関する合意は得られていない状況だといえよう。

　また第4章および第6章で扱っていく日誌法を用いて一日の中で行われるジョブ・クラフティング行動に注目する研究（「日」レベルの研究）においては Petrou et al.（2012）が、Tims et al.（2012）に基づきつつも実際の日常の仕事場面で取っている行動に注目して修正した「日」レベル版の尺度開発を行っている。ここでは、「資源の追求」、「挑戦の追求」、「要求の低減」の3次元に特化した尺度が作成されている。これは Tims et al.（2012）による4

次元尺度のうちの「対人関係における仕事の資源の向上」、「挑戦的な仕事の要求度の向上」、「妨害的な仕事の要求度の低減」におおむね対応しており、「構造的な仕事の資源の向上」次元の一部を除いた尺度といえる。これは、「構造的な仕事の資源の向上」を行うための一部の行動を日常の仕事の場面でどのように捉えるかが困難であるから、資源に関連する項目を1つの次元に集約して用いたものと推察される。なお日誌法を用いた研究においてもTims et al.（2012）を援用した4次元尺度やその一部を活用する研究も存在しており、ここでも用いられる尺度の次元数の合意は得られていない。

すでに述べたように本書では、ジョブ・クラフティングを「対人関係における仕事の資源の向上」、「挑戦的な仕事の要求度の向上」、「妨害的な仕事の要求度の低減」の3つの次元で捉えていく。またこれら3つの次元はそれぞれ少しずつ異なる特徴を持つジョブ・クラフティングであると考えられるため、各次元を集約することなく、別々の次元として扱っていくことが適切であると考えている。

その理由は、この3つの次元が仕事の要求度‐資源理論が想定する仕事の特徴に対して従業員が行う変更を明瞭に捉えており、かつ一般レベルでも「日」レベルでも実際の行動を捉えることができる共通の次元であると判断したからである。また、性質の異なるジョブ・クラフティング行動であることから、どのような要因によって引き出されるかも異なることが予想されるため、それぞれの次元に対する影響を別々に検討する方が有益な知見を得られると考えたためでもある。

なおジョブ・クラフティングの資源ベースアプローチでは、「構造的な仕事の資源の向上」を含む4次元を用いることも多い（例えば、Tims et al., 2012; Tims et al., 2014）が、Petrou et al.（2012）でも指摘されているとおり、実際の行動レベルで測定するという点で測定尺度に課題が残されていると判断した。

また3つの次元のうち「対人関係における仕事の資源の向上」と「挑戦的な仕事の要求度の向上」を接近型ジョブ・クラフティングとしてやや類似した特徴を持つジョブ・クラフティング次元として扱い、回避型ジョブ・クラ

フティングに分類される「妨害的な仕事の要求度の低減」はやや異なるジョブ・クラフティング次元として扱っていく。このうち回避型ジョブ・クラフティングである「妨害的な仕事の要求度の低減」に関する研究知見は一貫しておらず（Bakker & Oerlemans, 2019）、探索的な検証を伴わざるを得ない側面もある。しかしジョブ・クラフティングは日本企業が現在直面しているシニア活用（岸田，2022）やメンタルヘルス対策（Sakuraya et al., 2017）といった人事課題に取り組むうえでも有効な考え方であると位置づけられる。このような文脈では特に、接近型だけでなく、回避型のジョブ・クラフティングを上手に促していくことも重要である。そのため、接近型ジョブ・クラフティングだけでなく回避型ジョブ・クラフティングである「妨害的な仕事の要求度の低減」についても併せて検討していくことが有益であると判断した。

3-2．明らかにされてきた動機づけ効果

次に、資源ベースアプローチのジョブ・クラフティングの研究動向として、資源ベースアプローチのジョブ・クラフティングの動機づけ効果が実証されてきたことを指摘したい。

Bakker, Tims & Derks（2012）は、オランダのさまざまな組織で働く95組190名の従業員に対する調査を通じてプロアクティブ行動がジョブ・クラフティング（接近型の3次元から構成される[8]）とワーク・エンゲージメントを高めることを介して他者による従業員の業績評価に結実することを明らかにした。接近型ジョブ・クラフティングが、仕事のやりがいを高めることを通じて業績を高めるという基本的な効果を実証的に示したこの研究は、以後ジョブ・クラフティングがポジティブな効果をもたらす概念であると扱われる大きな契機となった。

日本の従業員を対象とした調査も実施されており、その動機づけ効果が明らかにされている。まず森永・三矢・鈴木（2016）は、食品メーカーの営業職419名に対する質問票調査を行っている。森永らは、タスク次元と関係性

次元に注目したオリジナル尺度でジョブ・クラフティングを測定し1次元に集約されることを確認している。そのうえで動機づけ効果を検証した結果、ジョブ・クラフティングと内的動機づけの間に正の関連があること、自律性の高い仕事の進め方が許容されている従業員の場合に、そうでない従業員と比べて上述の関係が強まることを明らかにしている。

またMatsuo（2019）は、Tims et al.（2012）で作成されたジョブ・クラフティング尺度のうち、「挑戦的な仕事の要求度の向上」次元のみを取り上げたうえで、保健師と看護師266名に対する質問票調査を行っている。その結果、学習目標がジョブ・クラフティングを介してワーク・エンゲージメントを高めること、このような媒介関係は業務の目標ややり方を見直す行動である内省（リフレクション）の程度が高い保健師や看護師の場合により強まることを明らかにしている。すなわち、ジョブ・クラフティングがワーク・エンゲージメントを高めること、ジョブ・クラフティングは学習目標によって促されるが、内省の度合いが高い場合により強く促されることが分かる。

なおジョブ・クラフティングの動機づけ効果はその他のさまざまな研究でも明らかにされており、メタ分析でも実証されている（**表4-2**）。Rudolph et al.（2017）によれば、122の独立サンプルに含まれる35,670名に対する調査結果のメタ分析を行い、4次元を統合したジョブ・クラフティングと仕事のやりがいを示すワーク・エンゲージメントの間に正の相関（$r_c = .450$）があることを報告している。なお、ジョブ・クラフティングの4次元を1次元に集約するモデルの適合度は十分に高いものであったものの、ジョブ・クラフティングとワーク・エンゲージメントの関係を検討するにあたっては4次元からなるジョブ・クラフティングとワーク・エンゲージメントの結果と「妨害的な仕事の要求度の低減」次元を除いた3次元からなるジョブ・クラフティングとワーク・エンゲージメントの結果では結果が異なる可能性が示唆されている。

また各下位次元別にジョブ・クラフティングとワーク・エンゲージメントの関係を検討した分析では「対人関係における仕事の資源の向上」次元のジョブ・クラフティングでは正の相関（$r_c = .352$）、「挑戦的な仕事の要求度

表4-2		ジョブ・クラフティングとワーク・エンゲージメントの関係に関するメタ分析の結果									
関連する変数名	ジョブ・クラフティングのタイプ	累積研究数	累積サンプル数	r	r_c	SD r_c	CI 上限	CI 下限	%Var	CV 上限	CV 下限
ワーク・エンゲージメント	ジョブ・クラフティング全般	60	21635	0.401	0.450	0.135	0.438	0.463	15.075	0.277	0.623
	対人関係における仕事の資源の向上	39	14535	0.297	0.352	0.123	0.334	0.370	19.461	0.194	0.510
	挑戦的な仕事の要求度の向上	48	16412	0.380	0.454	0.133	0.438	0.470	20.438	0.284	0.625
	妨害的な仕事の要求度の低減	42	12258	−0.074	−0.090	0.159	−0.112	−0.069	16.787	−0.294	0.114

注： r＝サンプルサイズで重みづけを行った相関、r_c＝サンプルサイズで重みづけを行い信頼性を補正した相関、SD r_c＝r_cの標準偏差、CI＝r_cの95%信頼区間、CV＝r_cの80%信頼区間、%var＝統計的人工物（サンプリングエラー＆信頼性なし）に起因する分散。
出所：Rudolph et al.（2017）の表4をもとに大幅に修正のうえ筆者作成

の向上」次元のジョブ・クラフティングでは正の相関（r_c＝.454）が見られたが、「妨害的な仕事の要求度の低減」次元のジョブ・クラフティングでは負の相関（r_c＝-0.090）が見られた。

　動機づけの自己調整戦略としてのジョブ・クラフティングの効果を検討するにあたってはそれぞれの次元別に影響を検討していくことが有効であろうと考えられる。

　なおジョブ・クラフティングとワーク・エンゲージメントの間には、スパイラル性が想定されており、理論的には双方向の因果関係が想定できる。ジョブ・クラフティングの動機づけ効果を緻密に検討するという意味では、逆の因果の影響を考慮しつつ、その影響を統制するリサーチデザインが求められる。Frederick & VanderWeele（2020）は、この点を考慮した研究（縦断的・日誌法・ランダム化比較実験）を対象としたメタ分析を行っている。2008年から2019年までに英語で出版された研究のうち、条件を満たした16の

研究を対象にメタ分析を行い、逆の因果の影響関係を考慮したとしてもジョブ・クラフティングはその後のワーク・エンゲージメントに対して正の関連（標準化効果 d = 0.37, 95%CI = [0.16, 0.58]）があると結論づけている[9]。さらにFrederick & VanderWeele は、資源ベースアプローチのジョブ・クラフティングについてそれぞれ次元別にワーク・エンゲージメントとの関連を検討している。その結果、接近型ジョブ・クラフティングについて、それぞれ正の関連があることが統計的に有意な水準で認められた。一方回避型アプローチのジョブ・クラフティングについては負の関連が見られたが信頼区間にゼロを含んでいるという結果が得られている。回避型アプローチのジョブ・クラフティングの動機づけ効果の有無については、より精緻な検討を行うために研究を蓄積していくこと求められるだろう。

3-3. 求められるマネジメント可能性の探求

最後に、資源ベースアプローチのジョブ・クラフティング研究の動向を踏まえた限界として、ジョブ・クラフティングを組織がいかに促せばよいのかに関する知見が限定的であることを指摘したい。Rudolph et al.（2017）のメタ分析では、パーソナリティに代表される個人差要因や職務自律性に代表される職務特性要因が4次元を統合した全般的なジョブ・クラフティングと正の関連を持つことが明らかにされてきた（**表4-3**）。ただし、組織のマネジメント要因とジョブ・クラフティングとの関係についてはメタ分析で扱われておらず、十分な研究蓄積がなされていないと考えられる。

これまで従業員のジョブ・クラフティングを組織が促す方法としては、大きく2つの手法が試されてきた。1つ目が、研修やエクササイズを通じて従業員にジョブ・クラフティングの考え方をレクチャーし、取り組んでもらうという方法である（Van den Heuvel, Demerouti, & Peeters, 2015）[10]。もう1つが、日常のマネジメント場面において従業員のプロアクティブ行動を引き出すマネジメントを実施することを通じて、従業員がジョブ・クラフティングを行うように促そうとすることである。

表4-3		職務自律性とジョブ・クラフティングの関係に関する メタ分析の結果										
関連する変数名	ジョブ・クラフティングのタイプ	累積研究数	累積サンプル数	r	r꜀	SD r꜀	CI上限	CI下限	%Var	CV上限	CV下限
職務自律性	ジョブ・クラフティング全般	25	8805	0.240	0.279	0.083	0.256	0.302	34.531	0.173	0.385
	対人関係における仕事の資源の向上	16	5957	0.098	0.121	0.078	0.090	0.152	40.408	0.022	0.220
	挑戦的な仕事の要求度の向上	22	7722	0.261	0.322	0.110	0.296	0.347	25.469	0.181	0.463
	妨害的な仕事の要求度の低減	18	6714	−0.060	−0.076	0.100	−0.106	−0.046	29.898	−0.204	0.052

注：r＝サンプルサイズで重みづけを行った相関、r꜀＝サンプルサイズで重みづけを行い信頼性を補正した相関、SD r꜀＝r꜀の標準偏差、CI＝r꜀の95％信頼区間、CV＝r꜀の80％信頼区間、%var＝統計的人工物（サンプリングエラー＆信頼性なし）に起因する分散。
出所：Rudolph et al.（2017）の表4をもとに大幅に修正のうえ筆者作成

　このうち後者を試みるための知見を提供するするような、ジョブ・クラフティングを促すマネジメント要因を明らかにする研究は限定的であった。しかし、2010年代後半以降少しずつリーダーシップや人事施策がジョブ・クラフティングを促すことを示唆する知見が蓄積されるようになってきている。また Bakker & de Vries（2021）は、従業員が一時的な不適合すなわち緊張状態に直面した場合にジョブ・クラフティングなどの適応調整行動を取ることで仕事の資源や個人の資源に影響を与えて不適合や緊張状態を解消できるというモデルを想定している。そして**資源の共同体仮説**に基づき、リーダーシップや人事施策に代表される組織的資源（や個人的資源）の豊かさが従業員のジョブ・クラフティングに影響を及ぼすという仮説を提唱している（**図4-3**）。
　このようにジョブ・クラフティング研究は日常のマネジメント場面でいかにジョブ・クラフティングを促すか、という観点からも検討が進められるよ

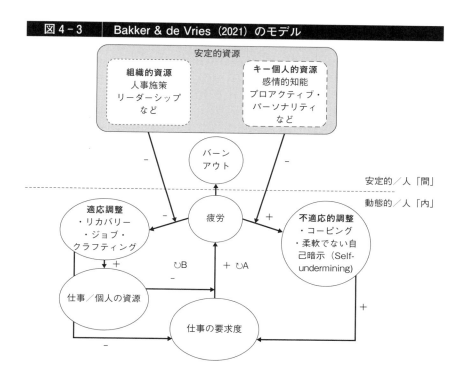

図4-3　Bakker & de Vries（2021）のモデル

安定的資源

組織的資源
人事施策
リーダーシップ
など

キー個人的資源
感情的知能
プロアクティブ・
パーソナリティ
など

バーン
アウト

安定的／人「間」

動態的／人「内」

適応調整
・リカバリー
・ジョブ・
クラフティング

疲労

不適応的調整
・コーピング
・柔軟でない自
己暗示（Self-
undermining）

↻B

↻A

仕事／個人の資源

仕事の要求度

うになってきている。今後は、Bakker & de Vries（2021）で想定されたよ
うな組織的資源とジョブ・クラフティングとの関係について実証的に検討し
ていくことが求められるであろう。

4. まとめ

　本章では、循環的な職務設計モデルを実現するキー概念として位置づけら
れたジョブ・クラフティングについて理論的に検討を行った。まず、ジョ

ブ・クラフティングの研究動向を概観することを通じて2種類の研究アプローチの対比を行った。そのうえで本書が依拠する仕事の資源－要求度理論に依拠する資源ベースアプローチのジョブ・クラフティングに注目することとその理由が明らかにされた。

そのうえで資源ベースアプローチのジョブ・クラフティング研究の研究動向を概観した。その結果、資源ベースアプローチの先行研究はその動機づけ効果をかなり頑強に実証してきた一方で、規定要因の探索が不十分であることを指摘した。このことから、組織がいかに資源ベースアプローチのジョブ・クラフティングをマネジメントすることができるのか、については十分な知見が蓄積されていないことが明らかにされた。

そこで次章では、本章が注目するジョブ・クラフティングのマネジメントに関わる知見について紹介しつつ、本書で実証するジョブ・クラフティングのマネジメントモデルついて紹介していく。

(1) このような研究動向を踏まえて、最近ではそのような研究動向が概念の理解を難しくしていることを批判し、統合するための理論的枠組みを提示しようとする概念的整備や枠組みの提案も試みられている（Bruning & Campion, 2018; Zhang & Parker, 2019）。

(2) ジョブ・クラフティング研究全般についてのより包括的な文献レビューについては森永（2010）、高尾・森永（2023）などを参照のこと。

(3) この部分は、この後すぐに触れるように認知クラフティングと位置づけられる。

(4) ジョブ・クラフティングとその他の概念間の違いについては先行研究で繰り返し議論されているために本書では扱わない。詳しくは Wrzesniewski & Dutton（2001）および Tims & Bakker（2010）や岸田（2022）を参照のこと。

(5) LePine, Podsakoff & LePine（2005）では、仕事のやりがいを捉える概念としてワーク・エンゲージメントに言及している。

(6) ただし、ジョブ・クラフティングをどのように扱っていくべきかについては慎重な検討が必要であろう。2つの研究アプローチでは、ジョブ・クラフティングの定義も、ジョブ・クラフティングを行う目的も異なっている。単に先行研究で取り組まれている研究の数だけではなく、その内容や特徴を理

解したうえで、自分自身の研究関心や目的に適した研究アプローチを採用していくことが必要であろう（高尾・森永，2023）。

(7) なおこの尺度の日本語版尺度は Eguchi et al.（2016）によって作成されている。

(8) ここで扱っている3次元とは「対人関係の仕事の資源の向上」、「挑戦的な仕事の要求度の向上」、「構造的な仕事の資源の向上」であり、ここで指摘される動機づけ効果には、本書で取り上げていない「構造的な仕事の資源の向上」による動機づけ効果が含まれている。

(9) なお Frederick & VanderWeele のメタ分析の対象は必ずしも資源ベースアプローチのジョブ・クラフティング研究のみではないが、資源ベースアプローチの研究が大半（16件中14件）であった。

(10) ジョブ・クラフティングの頻度を介入によって促すことができるのかについての研究結果は論文によって混在している（例えば、研修を通じてジョブ・クラフティングの頻度そのものに変化がないことを報告している論文として Van den Heuvel, Demerouti, & Peeters（2015）が挙げられる）が、メタ分析の結果によればジョブ・クラフティング研修を通じてジョブ・クラフティング全体あるいは少なくとも一部の下位次元の行動を促すことができるようである。Oprea, Barzin, Vîrgă, Iliescu & Rusu（2019）はジョブ・クラフティングの介入研究14件のメタ分析を行い、ジョブ・クラフティング全般および資源ベースアプローチの「挑戦的な仕事の要求度の向上」次元と「妨害的な仕事の要求度の低減」次元に対する介入効果が統計的に有意な水準で見られることを明らかにしている。一方、「対人関係における仕事の資源の向上」次元については統計的に有意な水準で介入効果は見られなかった。またワーク・エンゲージメントについても介入効果が統計的に有意な水準で見られたと報告している。

第 II 部
ジョブ・クラフティングの
マネジメント要因の探求

概要

　本書の第Ⅱ部では、「自発的行動であるジョブ・クラフティングを組織がどのように促すことができるのか」という問いに対して答えていく。伝統的な職務設計論では、職務設計は組織側が行うものであると見なしており、従業員の調整プロセス、すなわちジョブ・クラフティングの存在を想定してこなかった。しかし、第Ⅰ部で指摘したように、2000年代後半からは循環的な職務設計モデルのもとで従業員による自己調整プロセスに注目が集まるようになった。そして、従業員がジョブ・クラフティングを行うことで仕事のやりがいを高めることの有効性が指摘されるようになってきた。ただし従業員のジョブ・クラフティングを組織がどのように促していくのかについては十分に実証的に議論されていない。

　そこで本書の第Ⅱ部では「組織による人事施策の設計と管理者によるリーダーシップの発揮によって間接的に促すことができる」という主張を行っていく。具体的には、先行研究のレビューに基づいたジョブ・クラフティングのマネジメントモデルの提示と2つの実証的研究の結果の提示を通じて上記の主張を行っていく。

第 5 章

ジョブ・クラフティングの
マネジメントモデル

1. はじめに

　本章では、従業員による自己調整行動であるジョブ・クラフティングを組織がいかに促すことができるのかについて理論的に検討し、実証研究との橋渡しを行っていく。先行研究では、ジョブ・クラフティングは個人差要因や職務特性に加えて周囲の状況や組織的要因からも影響を受けることが指摘され始めている。

　そこで本章の前半では、ピープル・マネジメント論の枠組みを下敷きにしながら、組織の人事施策と職場の管理職のリーダーシップがジョブ・クラフティングを促すことを想定したジョブ・クラフティングのマネジメントモデルを提示していく。

　また本章の後半では、ジョブ・クラフティングのマネジメントモデルに基づき、第Ⅱ部において実証的に検証すべき2つの課題を提示していく。第1に、2種類のマネジメント要因のそれぞれの影響と同時に両者の組み合わせが与える影響について検討していく必要性を指摘する。第2に、「日」レベルのジョブ・クラフティングの個人内変動に対してリーダーシップが与える影響を検討していく必要性を指摘する。最後に、これらの課題に対応する本章の実証パートとの関係について説明する。

2. ジョブ・クラフティングの　　マネジメントモデルの検討

　前章で議論したとおり、ジョブ・クラフティングを促す要因についての研究知見はある程度蓄積されてきたが、それは依然として個人差要因や職務特

性要因の影響を検討するものが大半である。ジョブ・クラフティングを組織がいかにマネジメントするのか、という問題意識からジョブ・クラフティングに迫ろうとする本書からすると既存研究がもたらす知見はいまだ十分とはいえない。

そこで本書では、ジョブ・クラフティングを促す要因として個人差要因、職務特性要因、に加えてマネジメント[1]要因を想定し、これらの要因が重層的にジョブ・クラフティングに影響を与えることを想定したモデルを構築していく。以下では、ジョブ・クラフティングに影響を与えるマネジメント要因として人事施策（群）とリーダーシップが与える影響を検証した研究を紹介し、それらを踏まえた統合モデルを提示していく。

▌2-1．人事施策とジョブ・クラフティングの関係

本書で注目する1つ目のマネジメント要因は人事施策である。Berdicchia & Masino（2017）は人事施策のジョブ・クラフティングに対する影響を検討する嚆矢であると同時に、次章の分析枠組みを構築するうえでも重要な知見を提供している。そこで以下では、やや詳細に研究内容を紹介していく。

Berdicchia & Masino（2017）は、上司と部下の関係性の質の良さを意味する上司－部下の関係性（以下、LMX：Leader Member Exchange）がジョブ・クラフティングを直接的に促進することに加えて、役割拡張効力感を介して間接的にジョブ・クラフティングを促進するというロジックを想定したうえで、そのような直接効果に対する開発経験（Development experience）の調整効果と間接効果に対する調整効果についてそれぞれ検討している。

ここでいう開発経験とは従業員の個人的および職業的な開発を支援し、改善するために組織によって行われる裁量的な取り組み（Wayne, Shore, & Liden, 1997）であり、人事施策の1種と位置づけられる。また開発経験は、従業員の成長欲求を満たすことを通じて仕事に対する楽しみや統制感、影響力を感じられるようにすると考えられている。Berdicchia & Masino は知覚された組織的支援（Perceived Organizational Support：POS）理論に依拠する

ことで開発経験を提供することがジョブ・クラフティングを促しやすい互恵的な心理状態に結びつくと主張している。

　イタリアの小売業の店舗で働く172名に対する調査の結果、ジョブ・クラフティングに与える影響はジョブ・クラフティングの下位次元ごとに異なることが明らかになった。まず、「挑戦的な仕事の要求度の向上」次元のジョブ・クラフティングに関わる2つの仮説（開発経験の直接効果に対する調整効果および間接効果に対する調整効果）はともに認められた。

　次に、「対人関係における仕事の資源の向上」次元のジョブ・クラフティングに関しては、開発経験の直接効果に対する調整効果は認められたが、間接効果に対する調整効果は認められなかった。

　最後に、「妨害的な仕事の要求度の低減」次元に関してはどちらの調整効果も認められなかった。

　なお「挑戦的な仕事の要求度の向上」次元のジョブ・クラフティングに見られた調整効果は、開発経験が豊かに提供されている従業員の場合はLMXの影響が減じられるという関係であり、LMXと開発経験の間には代替関係（一方の影響が強くなると一方の影響が弱まる関係）にあると考えられている。

　またBerdicchiaたちの直接の問題意識ではないものの、本書の問題意識に引き寄せて重回帰分析の結果を解釈すると、ジョブ・クラフティングに対する開発経験そのものの主効果も認められていることが分かる。このことから、組織が従業員に開発経験を提供する施策を実践することがジョブ・クラフティングを促すと推察できる。

　その後も人的資源管理システム[2]がジョブ・クラフティングに与える影響は少数ながら検証されている。Meijerink, Bos-Nehles, & de Leede（2020）は、ハイコミットメント人的資源管理システムがワーク・エンゲージメントにもたらす影響をジョブ・クラフティングが仲介するというモデルを想定するとともに、接近型ジョブ・クラフティングが正の影響を、回避型ジョブ・クラフティングの負の影響を仲介すると予想した。

　ここでいうハイコミットメント人的資源管理システムとは、採用・訓練・業績評価・報酬・職務設計の5次元の施策群を指す。Meijerink, Bos-Nehles, & de Leede（2020）は、資源の保存理論に基づきながら人事施策を介して組織側が資源を提供する環境づくりをすることで従業員は資源の再投資行動ともいえるジョブ・クラフティングを引き出すことができるという関係を想定している。

オランダの教育機関で働く従業員252人に対する調査の結果、接近型のジョブ・クラフティングを介した間接効果が支持される一方、回避型ジョブ・クラフティングに関する分析では間接効果が支持されなかった。

また Li, Li, & Liu（2021）では、高業績 HRM システム（high performance work systems：HPWS）[3]が従業員の自律的モチベーションを介してジョブ・クラフティングを促すという関係を想定したうえで、これらの関係をイニシアティブ風土が調整するという媒介調整モデルを想定して検証を行っている。中国の54の企業の人事担当のマネジャーとそのもとで働く615名の従業員に対する調査の結果、上述した媒介調整効果が支持された[4]。

さらに調査結果を本書の問題意識に引き寄せて分析結果を詳しく見てみると、イニシアティブ風土そのものもジョブ・クラフティングと正の関連があることを示唆する結果が得られている。この結果は組織風土を醸成することで組織がジョブ・クラフティングを促進することができることを指摘する知見としても意義があるだろう。

このように戦略的人的資源管理論の先行研究では、人を大事にし、能力を育成していこうとする人事施策が促進型のジョブ・クラフティングを促すことを明らかにしてきた。一方、回避型のジョブ・クラフティングに与える影響は十分に明らかにされてこなかった。

2-2. リーダーシップとジョブ・クラフティング

本書で注目するもう1つのマネジメント要因は、管理職のリーダーシップである。ジョブ・クラフティングに対するリーダーシップの影響を検討しようという動きが本格的に始まったのは、2010年代後半に入ってからである。そしてこのような動きを方向づけたのが Wang, Demerouti, & Bakker

（2016）の議論である。

　Wang, Demerouti, & Bakker（2016）は、先行研究のレビューを通じてリーダーが自律性や要求度に富んだアクティブな仕事を設計するとともに、以下の2つの経路を通じて従業員のジョブ・クラフティングに働きかけることができると主張した。第1の経路は、従業員の個人の資源を開発することである。第2の経路は、上司部下間に信頼感を構築してオープンで支持的な職場環境を構築することである。これらはいずれも**資源の共同体仮説**に基づく組織的資源がジョブ・クラフティングを促すという説明とも整合的である。そこで以下では、それぞれの経路について詳しく紹介していく。

　まず個人の資源を介する経路である。Wang, Demerouti, & Bakker（2016）は具体的にポジティブ感情[5]と自己効力感を挙げている。Wang, Demerouti, & Bakker（2016）はポジティブ感情の拡張形成理論（Fredrickson, 2001）に基づきながらポジティブ感情がジョブ・クラフティングを促進する可能性を指摘している。ポジティブ感情の拡張形成理論では、ポジティブな感情状態は、個人の瞬間的な思考・行動レパートリーを広げると考えられる（Fredrickson, 2001）。そのため、ポジティブな感情を高めることで、期待された仕事をより上手にこなすために工夫をしたりより一層のアドバイスを求めたり、新しいことに挑戦していくなどの、より積極的な行動に繋がることが期待される（Parker & Wu, 2014）。また、リーダーが部下の仕事の出来に対してポジティブなフィードバックを行うことは、従業員の自己効力感を高めることに結びつき、より挑戦的な業務や資源を獲得する行動に取り組むことを促すことが期待できる（Bandura, 1977）。このようにリーダーは、さまざまな言動を通じて従業員の個人的資源を高め、その結果としてジョブ・クラフティングを促すことができると主張されている。

　次にリーダーはオープンで支持的な職場環境をつくり出すことで間接的にジョブ・クラフティングを促すことができる。健全で信頼感のある職場環境は、失敗を学習経験として受け入れ、従業員が新しいことに挑戦することを促すと考えられるからである（Wang, Demerouti, & Bakker, 2016）。そのため、Wang, Demerouti, & Bakker（2016）はリーダーに、従業員の個々の

ニーズに耳を傾け、新しいアイデアを検討し、個人の成長を奨励し、提起された問題に対処するための行動を取るなど、開放性と支援を示す行動を取るべきであると主張している。また上司が挑戦したり失敗から学んだりすることを奨励することで、部下がリスクを冒すことが可能になり主体的行動であるジョブ・クラフティングを行いやすくすると主張している。

Wang, Demerouti, & Bakker（2016）の主張は、従来から強調されていた職務設計や従業員の個人差要因への働きかけにとどまらず、職場の風土や関係性などの環境づくりにも目を向けた点に意義がある。また2つの経路は、前者が従業員の心理的な資源に働きかける経路、後者がジョブ・クラフティングを行いやすい状況をつくるために職場や環境に働きかける経路と区別できるものの、いずれの経路においてもジョブ・クラフティングをするように従業員に直接的に指示したり命令したりするわけではない、間接的なマネジメントを想定している点に特徴がある。そのうえで、2つの経路の複合的な影響関係に注目することで上司のリーダーシップと部下のジョブ・クラフティングの関係を重層的に読み解こうとした試みと評価できる。

なお Wang, Demerouti, & Bakker（2016）はジョブ・クラフティングを促しうるリーダーシップ・スタイルとして、変革型リーダーシップとエンパワリング・リーダーシップを取り上げたため、その後の実証的研究もこの2つのリーダーシップとの関係を検証する知見が蓄積された。またここでも、変革型リーダーシップやエンパワリング・リーダーシップが接近型のジョブ・クラフティングを促すことが明らかにされてきた（例えば、Kim & Beehr, 2020; Naeem et al., 2021; Wang, Demerouti, & Le Blanc, 2017）。一方、回避型ジョブ・クラフティングとの間には関連が見られないという知見が得られるようになった（Wang, Demerouti, & Le Blanc, 2017）。

最近ではリーダーシップをはじめとする従業員の周囲の職場の要因がジョブ・クラフティングに対して影響を与えることがメタ分析でも明らかにされるようになってきた。例えば Wang, Li, & Chen（2020）は、メタ分析を通じて管理者のリーダーシップや職場の同僚からの影響を意味する社会的要因が従業員の促進焦点のジョブ・クラフティングを促す一方で、予防焦点ジョ

表5-1	リーダーシップとジョブ・クラフティングの関係に関する メタ分析の結果						
変数	研究数	回答者数	相関	標準誤差	下限	上限	p
促進焦点ジョブ・クラフティング							
社会的要因全体	32	9263	0.332	0.039	0.292	0.426	<0.00001
リーダーシップ全体	22	6953	0.364	0.051	0.314	0.0480	<0.000001
予防焦点ジョブ・クラフティング							
社会的要因全体	9	2007	0.019	0.058	-0.091	0.314	0.7044

出所：Wang, Li, & Chen（2020）の表1を大幅に簡略化したうえで筆者作成

ブ・クラフティングとの関係は見られないという結果を報告している（**表5-1**）[6]。

このことから本書が注目する「対人関係における仕事の資源の向上」、「挑戦的な仕事の要求度の向上」などの接近型ジョブ・クラフティング（資源や要求度を増加させていくクラフティング）に対して、リーダーシップが影響を及ぼすことはかなり多くの研究成果に基づいて明らかにされてきていることが分かる。ただし、検討されているリーダーシップ・スタイルの種類はリーダーシップ研究の幅広さからすれば限定的であり、いまだ検討されていないリーダーシップのスタイルとの関係を検討していく余地は残されている。

一方リーダーシップの予防焦点ジョブ・クラフティングへの影響については、いまだに十分に明らかになっていないといえる。メタ分析では検討に用いられた研究数が9にとどまっており、検討している研究の数は依然として少ない。また仮に多くの状況でリーダーシップが影響を与えにくい種類のジョブ・クラフティングであるとしても、影響を与えやすくする要因を明らかにしていくなど検討の余地が多く残されている領域と考えられる。

ここまで述べてきたように、リーダーシップがジョブ・クラフティングに与える影響は少しずつ明らかになってきたものの、いまだ限界も多い。まずリーダーシップ研究において、さまざまなタイプのリーダーシップ・スタイルが提示されているにもかかわらず、影響が検討されているリーダーシッ

プ・スタイルが限定的である。特に日本では人材の多様化に伴い、個を尊重するリーダーシップ・スタイルを通じた全員参加のマネジメントへの転換が求められている（守島, 2021）。この種のマネジメントを実現するリーダーシップ・スタイルとしてすでにインクルーシブ・リーダーシップが有望であると指摘されること（坂爪・高村, 2020）からも、インクルーシブ・リーダーシップがジョブ・クラフティングに与える影響について検討を進めていくことには一定の意義がある。

　なおインクルーシブ・リーダーシップとジョブ・クラフティングの関係は日本の研究者が世界に先駆けて検討してきた領域であるが、その検討はいずれも部分的なものにとどまっている。先行研究である荒木（2019）と小山（2023）は、いずれもタスクを拡張するジョブ・クラフティングへの影響のみを検討している。「対人関係における仕事の資源の向上」次元のジョブ・クラフティングや「妨害的な仕事の要求度の低減」次元への影響も含めた総合的な検討が求められる。

　もう1つは、リーダーシップとジョブ・クラフティングを結びつける経路の検討が限定的である。先行研究は、従業員の個人の資源に直接的に働きかける経路に限定されて蓄積されてきている。一方 Wang, Demerouti, & Bakker（2016）は、リーダーは支持的な職場環境をつくることを通じても、従業員のジョブ・クラフティングを促すことができると主張している。こちらの経路を介した影響力についても解明していくことでジョブ・クラフティングを一層効果的に促すことが可能になると考えられる。

2-3．ピープル・マネジメント論に基づく
統合モデルの提示

　このように2010年代後半から2020年代にかけて、ジョブ・クラフティングに対して人事施策やリーダーシップが影響を与えることが明らかにされ始めてきた。しかしながら、人事施策の影響に注目する研究とリーダーシップの影響に注目する研究は独立して蓄積されてきており、Berdicchia & Masino

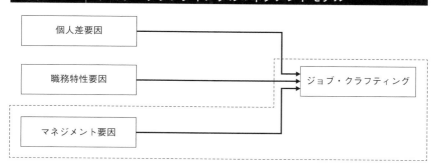

図5-1　ジョブ・クラフティングのマネジメントモデル

個人差要因

職務特性要因

マネジメント要因

ジョブ・クラフティング

（2017）を除いて人事施策と上司の影響を同時に考慮した研究は存在しない。このような研究領域の分断はそれぞれの変数がジョブ・クラフティングに与える影響を正しく把握することを困難にしている可能性がある。また実践的にも組織がジョブ・クラフティングを促すための知見の広がりを十分に見出せていない状況を生み出している。

　そこで本章では、従来のジョブ・クラフティング研究で指摘されてきた個人差要因と職務特性要因に加えて、マネジメント要因がそれぞれ従業員のジョブ・クラフティングを促すというモデルを構築していく。そのうえで、ピープル・マネジメント論の枠組みに基づいてマネジメント要因として人事施策と管理者のリーダーシップの影響を想定するモデルを、ジョブ・クラフティングのマネジメントモデルと呼びたい（**図5-1**）。

　なお、マネジメント要因がジョブ・クラフティングに与える影響プロセスを示す**図5-1**の破線部について詳述したのが**図5-2**である。ここでは、Wang, Demerouti, & Bakker（2016）が提示した2種類のロジックを援用して用いていく（**図5-2**）。すなわち組織側は、従業員の個人の資源を高めたり、職場の環境を豊かにしたりする働きかけを通じて、従業員個人の状態や職場の状態をジョブ・クラフティングが行いやすい状態にし、結果としてジョブ・クラフティングを促すというロジックである。すでに触れたように、Wang, Demerouti, & Bakker（2016）は、もともとリーダーシップの影

図 5-2　マネジメント要因がジョブ・クラフティングに影響を与えるプロセス

個人の資源

マネジメント要因

支持的な職場環境

ジョブ・クラフティング

響経路を検討するうえで、この 2 種類のロジックを提示しているが、Li, Li, & Liu（2021）の実証結果などを踏まえると、人事施策の影響を解明するうえでも、このロジックを援用することが有効であろう。

3. 理論編と実証編のブリッジ

　前節で主張したジョブ・クラフティングのマネジメントモデルは、あくまで理論的に整理されたモデルである。そのため、言及されたすべての変数の影響を検討していくことは現実的には不可能だし、あまり意味がないと考えられる。

　本章の後半では、第Ⅱ部における実証研究で分析に用いる変数を特定して紹介していくとともに、ここまで指摘した検討課題と第Ⅱ部の各章との関連を明示していく。

3-1. 実証編の分析モデル

　ここでは、実証編で用いていく分析モデルを構築していく（図5-3）。ま

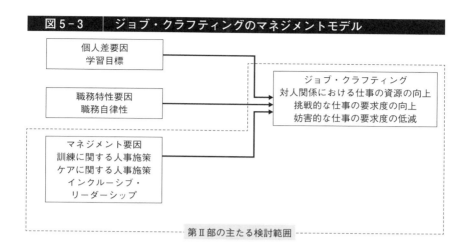

図5-3 | ジョブ・クラフティングのマネジメントモデル

個人差要因
学習目標

職務特性要因
職務自律性

マネジメント要因
訓練に関する人事施策
ケアに関する人事施策
インクルーシブ・
リーダーシップ

ジョブ・クラフティング
対人関係における仕事の資源の向上
挑戦的な仕事の要求度の向上
妨害的な仕事の要求度の低減

第Ⅱ部の主たる検討範囲

ず、すでに第3章で述べたように、ジョブ・クラフティングについては、Tims & Bakker（2010）および Petrou et al.（2012）に従って、「挑戦的な仕事の要求度の向上」次元のジョブ・クラフティング、「対人関係における仕事の資源の向上」次元のジョブ・クラフティング、「妨害的な仕事の要求度の低減」次元のジョブ・クラフティングの3次元を用いていく。本書でこの3次元に注目するのは、この3次元が Tims & Bakker（2010）のオリジナルモデルに準拠しているとともに、日誌法を用いられてきた「日」レベルの研究の中心的研究である Petrou et al.（2012）でも用いられているからであった。言い換えれば、仕事の要求度－資源理論に基づくジョブ・クラフティングを捉える最も基本的な次元構成であると判断したからである。なお、第4章でも説明したとおり、「対人関係における仕事の資源の向上」次元と「挑戦的な仕事の要求度の向上」次元を接近型ジョブ・クラフティングとしてやや類似した特徴を持つものとして扱い、回避型とも呼ばれる「妨害的な仕事の要求度の低減」次元と異なる性質を持つものとして扱っていく。

次にジョブ・クラフティングを促す変数については、複数の次元を重層的に想定し、その影響を検討していく。具体的には、個人差要因、職務特性要因、マネジメント要因を想定していく。

まず個人差要因として、本書では学習目標を想定し、その影響を検討していく。学習目標とは、達成状況で自分の能力を向上させることを目標とする従業員の志向性を示す。この目標を持つ人は、新しいスキルを学んだり、新しいタスクをできるようになったり、新しい物事を理解できるようになりたいと考える傾向がある（Dweck, 2000）。そして Matsuo（2019）で明らかにされたように、学習目標を強く保持している従業員ほど、ジョブ・クラフティングを行いやすいという傾向が示されている。

　本書で学習目標に注目する積極的理由は、学習目標がある程度安定的な性質を持つ個人差要因でありながら、研修などで変化を与えることも可能な要因であると見なされている点にある（Dweck, 1975）。ある時点における従業員の志向性の違いを捉える個人差要因ではあるものの、研修などを通じて組織が長期的な観点では変化を加えることができると分かれば、組織によってジョブ・クラフティングを「マネジメント」することに資する知見を得ることができると考えた。

　なお、ジョブ・クラフティング研究では個人差要因としてプロアクティブ特性との関係が検討されることも多い。本書では、このようなパーソナリティ特性を考慮することも検討したが、パーソナリティとしてのプロアクティブ性とプロアクティブ行動としてのジョブ・クラフティングをいずれも自己評価の回答で収集して両者の関係を検討することは、同語反復に陥る可能性が高いと判断し、モデルには組み込んでいない。

　次に、職務特性要因として職務自律性を選択して、影響を検討していく。職務の特徴は従業員のさまざまな行動に影響を与えることが明らかにされてきた（例えば鈴木, 2013）。ジョブ・クラフティングに対しても仕事の特徴が影響を与えると考えることができる。Rudolph et al.（2017）らのメタ分析によれば、職務自律性を含むいくつかの職務特性がジョブ・クラフティングに影響を与えることが明らかにされている。

　本書では問題意識で自律的な職務設計の進展とともにジョブ・クラフティングがもたらされることを想定していることからも自律的職務設計の中心概念である職務自律性の影響を検討していく。

最後に、マネジメント要因として２つの人事施策とリーダーシップという合計３つの要因の影響を検討していく。**図5-3**のうち破線で囲まれた部分が第Ⅱ部の主たる検討範囲となる。このうち人事施策に関しては、従業員の能力を向上させて業績を高めていこうとする「訓練に関する人事施策」の影響と従業員のコンディショニングを整えてウェルビーイングを維持していこうとする「ケアに関する人事施策」の２つの施策の影響を検討していく。人事施策がジョブ・クラフティングに与える影響を検討してきた先行研究は戦略的人的資源管理理論の影響を強く受けているがゆえ、訓練や人材開発など従業員の能力を高める施策の影響を中心に検討している。一方で、従業員のコンディショニングの維持やウェルビーイングを確保するための安全・衛生や健康施策のような従業員のケアに関わる人事施策の影響は十分に考慮されてこなかった。すでに触れたように、本書ではジョブ・クラフティングをメンタルヘルス不調に陥ることを予防する自己調整行動としても位置づけている（島津，2022）ことから、ケアに関わる人事施策の影響についても視点を拡張して検討していく。

　またリーダーシップに関しては、インクルーシブ・リーダーシップの影響を検討していく。リーダーシップとジョブ・クラフティングの関係は、嚆矢となった Wang, Demerouti, & Bakker（2016）によって例示された２つのリーダーシップ・スタイルを中心に影響が検証されており、検討されているリーダーシップの種類が依然として限定的であった。特にジョブ・クラフティングは多様性が高まった状況で発揮されることが期待される行動である。このことを踏まえれば、インクルーシブ・リーダーシップとジョブ・クラフティングの関係を検討することは有益であろう。インクルーシブ・リーダーシップに関する詳しい説明は、次章のレビューを参照されたい。

3-2．先行研究群の課題と本研究の実証課題

　本書の実証部分では、先行研究の課題であるジョブ・クラフティングのマネジメントに取り組んでいく。本書の問題意識を踏まえた先行研究の課題

表5-2	第Ⅱ部の検討課題と調査の対応			
本書の検討課題	より具体的な検討課題	求められる リサーチ設計の例	対応する実証研究
ジョブ・クラフティングに対するマネジメント要因の影響が十分に明らかになっていない。	人事施策とインクルーシブ・リーダーシップの影響が同時に検討されていない。	多様な人事制度とリーダーシップの下で働く従業員に対する調査。	第6章（ピープル・マネジメント調査）多様な組織で働く従業員に対するWeb調査。
	インクルーシブ・リーダーシップがジョブ・クラフティングの個人内変動に与える影響が検討されていない。	縦断調査。	第7章（日誌法調査）同一の人事制度下で働く特定企業における従業員に対する日誌法調査。

は、大きく分けて以下の2つであり、それぞれが以降の章と対応している（表5-2）。

　第1に、人事施策とリーダーシップの影響を同時に考慮する研究がこれまで十分に行われておらず、これらの要因がジョブ・クラフティングの各次元に与える影響が十分に明らかになっていない。Berdicchia & Masino（2017）は、人事施策とリーダーシップの影響を同時に検討した唯一の例外として評価できるが、その視点はその後の研究に十分に引き継がれなかった。この点を検討するためには、異なる人事制度とリーダーシップとの組み合わせの中で働く従業員に対する調査が求められる。そこで本書では、異なる人事施策かつ、異なるリーダーシップ・スタイルのもとで働く従業員に対する幅広い調査を実施するために、Web調査会社のモニターに対する質問票調査を実施した。本書では、この調査をピープル・マネジメント調査と名付けて、その結果を第6章で紹介していく。

　第2に、マネジメント要因、とりわけリーダーシップが与える影響をジョブ・クラフティングの個人間変動と個人内変動とに分けて検討する必要がある。この点について検討するためには特定の従業員に対して繰り返し回答を求める縦断調査が求められる。その理由は以下のとおりである。仮に一般的なクロスセクショナル・データの分析を通じて、上司のリーダーシップと部下のジョブ・クラフティングの間に相関関係が見られたとしよう。これまで一時点の質問票調査を行ってきた多くの先行研究では、このような方法で収

集されたデータから見出された実証的知見をもとに、ある上司がある種の
リーダーシップを頻繁に取るようにすれば、その上司の部下がジョブ・クラ
フティングをより多く行うようになる、という実践的意義を引き出してき
た。しかしながら、個人間の相関関係を個人内の相関関係に読み替えること
には一定の留意が必要であることが指摘されるようになってきている（吉
田，2018）。その理由は、上述した方法で収集したデータが表しているの
は、あくまでジョブ・クラフティングをよく行う「人」と、あまり行わない
「人」の違いやばらつきに対して管理者のリーダーシップが与える影響だか
らである。逆にいえば、ある人が日々の仕事の中で、よくジョブ・クラフ
ティングに取り組む「日」と、そうでない「日」とを説明するわけではない
点に注意する必要がある、ということである。

　本書では、従業員が（その人がもともとジョブ・クラフティングをよく行う人
であっても、そうではない人であっても）ジョブ・クラフティングをいつもよ
り行いやすくするマネジメント要因についても探求を行いたいと考えてい
る。そのための第1歩として、「人」のレベルの違いと人の中の「日」のレ
ベルの違いを分けたうえで、マネジメント可能な要因の影響を検討していき
たいと考えている。特にジョブ・クラフティングのマネジメントモデルで注
目する変数のうち、リーダーシップや職務特性は働き方の変化によって日々
の仕事状況の中でも変動する要因であり、「人」間の変動にも「日」間の変
動にも影響を与えることがある要因として想定している。

　そこで本書の第7章では、インクルーシブ・リーダーシップ[7]と職務自律
性を改めて取り上げ、「日」レベルの影響にも注目した分析を行ってい
く[8]。具体的には、同一の人事施策下で働くY社の従業員に対するリー
ダーシップの影響を検討するために日誌法を用いた調査を行い、その結果を
紹介していく。本書では、この調査を日誌法調査と名付けている。

　なお、本書では必ずしも対「人」間データの分析を一概に否定しているわ
けではない。むしろ分析の目的によっては有効な場合も多いと考えている。
すなわち、日々変動するとは考えづらい人事施策の影響にも注目する第6章
では、対「人」間データの分析を用いて人事施策とリーダーシップが対

「人」間のジョブ・クラフティングのバラつきに与える影響を検討してい
く。しかし、リーダーシップのように、その日その日の間で行動や振る舞い
に変動が生じうる要因の影響を検討する際には個人内変動に注目したデータ
分析を併用するか、少なくとも結果の解釈に一定の留意を払ったり、慎重な
解釈をしていくべきである（吉田，2018；高本，2015；2017）と考えている。
そのため、第7章において、「日」レベルのリーダーシップの影響に注目し
た追加的検討を行っている。

4. まとめ

　本章では、ジョブ・クラフティングのマネジメントモデルを提唱した。そ
のうえで、このモデルの各部分について実証してきた研究群についてレ
ビューし、既存研究の限界を指摘するとともに実証編で検討していく課題を
提示した。次章以降の2つの章では、これらの課題を踏まえたうえで仮説を
設定し検証した結果について記述していく。なおモデルのうちのいくつかの
部分については、既存研究の蓄積が十分にない領域も含まれている。そのよ
うな領域に関しては、実証研究を通じて基礎的な知見を提供するための探索
的分析を行い、結果を記述していくことにする。

(1) ピープル・マネジメントについての説明は序章を参照のこと。
(2) 人事管理システムに注目する研究では、人事施策の影響をある施策が単独で
　　与える影響に注目するのではなく、複数の施策の群が「一連のシステム」と
　　して影響を与えることを想定し、影響を検討している。
(3) 高業績HRMシステムについてはさまざまな施策が想定されることがある
　　が、この研究では、選択的な人員配置、広範な技能訓練、幅広いキャリアパ
　　ス、内部からの昇進、雇用保障、結果重視の評価、広範で自由な報酬、幅広

い職務内容、柔軟な職務配置、参加奨励が想定されており、(1)選択的な人員配置や技能訓練を通じてスキル向上、(2)長期的かつ結果重視の評価や広範囲で自由な報酬を通じてモチベーション向上、(3)参加奨励を通じてエンパワメント向上を意図した一連の人的資源管理の実践とされている（Li et al., 2021; Sun et al. 2007）。

(4) なお、この論文では Tims らの 4 つの次元の尺度を 1 次元に集約して分析を行っている。ジョブ・クラフティングが 1 次元に集約されているため、接近型と回避型という、やや性質の異なるジョブ・クラフティングに対する影響の違いは分からない。

(5) ただし、実証レベルではワーク・エンゲージメントで測定されることが多い。

(6) ここでいう予防焦点ジョブ・クラフティングと促進焦点ジョブ・クラフティングという分類は Lichtenthaler & Fischbach（2019）による分類に基づいている。Lichtenthaler & Fischbach（2019）は制御焦点理論（Higgins, 1998）に基づき、ジョブ・クラフティングを新たな資源の獲得を志向する促進焦点と主として資源の喪失や損失を防ごうとする予防焦点とに分類している。この分類でいう予防焦点ジョブ・クラフティングは本書でいう回避型ジョブ・クラフティングに、促進焦点ジョブ・クラフティングは本書でいう接近型ジョブ・クラフティングにそれぞれおおむね対応する。

(7) 詳しくは第 7 章をお読みいただきたいが、先行研究では「日」レベルのジョブ・クラフティングに対して上司のリーダーシップが与える影響が示唆されている。ただし、本書が注目するインクルーシブ・リーダーシップについて「日」レベルの影響を検討する研究はいまだ存在しない。本書の第 6 章では、インクルーシブ・リーダーシップが従業員の「日」レベルのジョブ・クラフティングの個人内変動に与える影響に注目した日誌法を用いた実証研究の知見を紹介していく。個人内変動と個人間変動でリーダーシップが異なる影響を与えることが分かれば、両者の違いを考慮に入れたマネジメントを行う必要が明らかになる。仮に個人間変動と個人内変動で同じ影響を与えるという知見が得られたとしても、個人がもともとジョブ・クラフティングをどの程度行うのかという "ベースライン" の影響を考慮に入れたうえで、日々の管理可能な要因が「日」レベルのジョブ・クラフティングの変動に与える影響を明らかにすることができるという点で精緻な知見を提供することになる。

(8) もちろんインクルーシブ・リーダーシップや職務の自律性がジョブ・クラフティングの「人」間の変動も「日」間の変動も説明することはありうる。しかし、実際にそのような主張を行うためには、通常の個人間データの分析と個人内データの分析の双方の結果に基づいて行うことが求められる。先行研究によれば、リーダーシップ行動は「日」レベルで変動する割合が大きい変

数とされている（McCormick, Reeves, Downes, Li, & Ilies, 2020）。そのため、リーダーシップのジョブ・クラフティングへの影響を検討する際には、「人」レベルの分析と「日」レベルの分析を分けたうえで同時に検討する必要性の高い概念であると判断した。

第6章

マネジメント
要因とジョブ・
クラフティングの関係[1]

1. はじめに

　本章では、第5章で想定したジョブ・クラフティングのマネジメントモデルに基づいて、組織によってマネジメント可能な要因である人事施策と管理者のリーダーシップがジョブ・クラフティングに与える影響を明らかにしていく。加えて、両者の組み合わせの効果の有無やその様相についてやや探索的に検討を行っていく。

　人事施策とリーダーシップの影響を同時に検討するとともに、組み合わせの効果を検討するためには、多様な組織で働く従業員に対する調査が有効であろう。

　そこで本章では、「ピープル・マネジメント」調査と題して幅広い組織の従業員に対する調査が可能な調査会社のモニターに対するweb調査を実施した。調査結果の提示を通じて本章では、従業員をジョブ・クラフティングを行う人（ジョブ・クラスター）へと導いていくマネジメント要因を明らかにしていく。

2. ピープル・マネジメント調査の目的

2-1. 目的と分析モデル

　本章では、ジョブ・クラフティングのマネジメントモデルについて実証的知見を提供するために第5章で紹介したBerdicchia & Masino（2017）のモデルを土台としつつも拡張したピープル・マネジメント調査を行い仮説の検

証を行っていく。第5章で紹介したように、Berdicchia & Masino はジョブ・クラフティングに影響を与える人事施策とリーダーシップの2つの視点を同時に考慮しようとした研究とも言える。本章では上述の視点を以下の3つの点で拡張して分析を行っていく。

　第1に、人事施策の影響を2つに分けて検討していく。すなわち Berdicchia & Masino（2017）で想定された従業員の能力を伸ばすための「訓練に関する人事施策」に加えて、能力やモチベーションを損なわないようにする「ケアに関する人事施策」にも注目していく。このうちケアに関する人事施策とは従業員の多様性に配慮したり、健康に配慮したりする人事施策の一種である。ケアに関する人事施策がハイコミットメント人的資源管理システムや高業績 HRM システムの施策群の1つに含まれることは少ないが、サービス業などに注目する一部の研究では施策群の1つとして分析に含まれてきた（例えば Chuang & Liao, 2010）。最近では、従業員のウェルビーイングを重視する人事施策の重要性が再認識されており、このようなケアに関する人事施策が従業員行動に与える影響を明らかにすることも重要になっていくと考えられている（Guest, 2017）。特に本章では、ケアに関する人事施策に注目することで、「妨害的な仕事の要求度の低減」次元のジョブ・クラフティングに対してマネジメント要因が与える影響を明らかにしていきたいと考えている。

　第2に、個を尊重し、支援するリーダーの振る舞いに注目して影響を検討していく。Berdicchia & Masino（2017）で示唆されたように上司と部下の間で良好な関係を形成することは重要であるが、そのような関係性を構築するために管理者はどのような行動を取ればよいのかについて明らかにしていない。ミドル・マネジャーを育成するためには、ミドル・マネジャーに対して、どのような行動を取るべきなのかについての知見を提供していくことが重要だとされる（守島, 2021）。本書では、上司と部下の間の良好な関係性を形成することが重要であるという Berdicchia & Masino（2017）の知見に依拠しつつ、そのような関係性をつくり出すリーダーシップ・スタイルとして、インクルーシブ・リーダーシップに注目して影響を検討していく。な

お、後述するようにインクルーシブ・リーダーシップが、ジョブ・クラフティングに与える経路としては、インクルーシブ・リーダーシップの先行研究に基づき心理的安全性を介するメカニズムを想定して検証していく。

　第3の点として、本章では人事施策と管理者のリーダーシップがジョブ・クラフティングに与える組み合わせの効果についても追加的に検討していく。人事施策とリーダーシップの従業員行動に対する影響は多様な組み合わせが想定される（Leroy et al., 2018）一方で、実証研究の蓄積は一部の例外（例えば、Gillbert et al., 2011）を除いて限定的であり、結果も混在している。そのため、既存研究の知見だけを足がかりにジョブ・クラフティングへの影響を想定して検証することは難しい状況だといえる。ただし、だからこそ両者の影響力の組み合わせ効果の有無やその様相について報告して知見を蓄積していくことが有益な段階にあると思われる。そこで本章ではジョブ・クラフティングに対する人事施策と管理者のリーダーシップの組み合わせの影響について探索的に検討し、その影響について記述していくこととする。

　以上3点を踏まえた分析モデルが図6-1である。

　なお本章では、マネジメント要因がジョブ・クラフティングに影響を与える背景理論として、資源の保存理論における**資源の共同体仮説**を想定していく。すなわち、組織が従業員に対して豊かな資源を提供していくことは、従

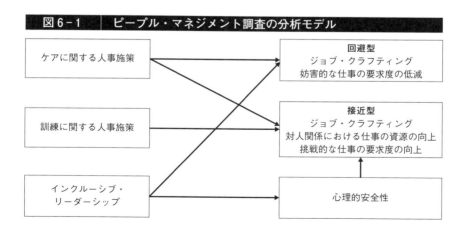

図6-1　ピープル・マネジメント調査の分析モデル

業員の適応的な資源獲得行動を促すということである。本書が想定するこのような論理は、第4章や第5章で紹介した仕事の要求度−資源理論に基づく資源ベースアプローチのジョブ・クラフティングの先行研究（例えば、Bakker & de Vries, 2021; Meijerink, Bos-Nehles, & de Leede, 2020; Wang, Demerouti, & Bakker, 2016）とも一致している。

2−2．人事施策とジョブ・クラフティング

　上述の目的を踏まえて、人事施策とジョブ・クラフティングの関連に関する仮説の設定を行っていく。

　人事施策は、従業員に対して組織で取ることが期待される行動に対するメッセージを送ることを通じて、従業員行動に影響を与えると考えられる（Bowen & Ostroff, 2004）。先行研究において人事施策とジョブ・クラフティングの関係は、人的資源管理「システム」とジョブ・クラフティングの関係として検証されてきた。その理由は戦略人的資源管理論では、さまざまな人事施策同士がシステムとして一貫した影響力を従業員の行動や態度に与えることが重要である（平野，2006; Wright & Boswell, 2002）と考えられてきたからである。それゆえ先行研究においても人的資源管理「システム」がジョブ・クラフティングに与える影響が検討されてきた。具体的には、これまで戦略的人的資源管理論の代表的枠組みである、ハイコミットメント人的資源管理システムと接近型ジョブ・クラフティングの関係（Meijerink, Bos-Nehles, & de Leede, 2020）、および高業績 HRM システムとジョブ・クラフティングの関係が実証されてきた。

　繰り返しになるが、これに対して本書では人事施策を異なる2つのタイプに分けたうえでそれぞれの影響を検討していく。その理由は異なる種類の施策が与える異なる影響に注目したいと考えているからである。そこで以下では、それぞれの施策毎に仮説を設定する。

　まず訓練に関する人事施策の仮説を設定する。本書で注目する訓練に関する人事施策は、ハイコミットメント人的資源管理システムや高業績 HRM シ

ステムで想定されてきた能力を高める主要な人事施策に当たる。Meijerink, Bos-Nehles & de Leede（2020）では、資源の保存理論に基づき、人事施策群を設計することで従業員の保持する資源が高まり、ジョブ・クラフティングへと結実することが明らかにされている。Meijerink, Bos-Nehles & de Leede の調査では、ジョブ・クラフティングが接近型（「挑戦的な仕事の要求度の向上」次元のジョブ・クラフティングと「対人関係における仕事の資源の向上」次元のジョブ・クラフティングが含まれる）と回避型（すなわち「妨害的な仕事の要求度の低減」次元のジョブ・クラフティング）に分けられており、人事施策の影響は前者のみに限定されるという結果が示されている。戦略的人的資源管理論において人事施策は、組織目標の実現に資するものと位置づけられていることから考えても、組織目標の実現と関連しやすい接近型のジョブ・クラフティングのみと人事施策が正の関連性を持つというロジックは自然であろう。そこで本章でも、同様に以下の仮説を設定していく。

仮説 1-1：訓練に関する人事施策は接近型ジョブ・クラフティングと正の関連がある。

次にケアに関する人事施策の仮説を設定していく。先行研究は「意欲や能力の発揮を担保する」ための人事施策であるケアに関する人事施策の影響を十分に考慮してこなかった。

しかし、ケアに関する人事施策の設計もジョブ・クラフティングに影響を与えるであろう。訓練に関する施策同様、ケアに関する人事施策も、従業員が取るべき行動や組織が重要視している価値観について発信する役割を果たしており、従業員の行動を方向づけるからである（Bowen & Ostroff, 2004）。この点ケアに関する人事施策は、接近型および回避型ジョブ・クラフティングの両方と正の関連を持つと考えられる。その理由は、従業員のケアに関する仕組みを導入することは、個々の従業員が直面している働き方や状況に合わせて働き方を「変えること」を尊重する職場風土に結びつくと考えられるからである。そのためケアに関する人事施策はそれが組織目標の実現や業績

に結びつきやすいかどうかにかかわらず、従業員のフィットを高める行動を促すと考えられる。そこで、本章では、以下の2つの仮説を設定していく。

仮説1-2：ケアに関する人事施策は接近型ジョブ・クラフティングと正の関連がある。

仮説1-3：ケアに関する人事施策は回避型ジョブ・クラフティングと正の関連がある。

2-3．インクルーシブ・リーダーシップとジョブ・クラフティング

次にインクルーシブ・リーダーシップとジョブ・クラフティングの関連に関する仮説の設定を行っていく。

インクルーシブ・リーダーシップとは、多様な従業員のインクルージョンを高める管理者のリーダーシップに注目した考え方である。リーダーはインクルーシブ・リーダーシップを通じて、集団の議論や決定に多様な従業員の声やアイデアを巻き込むことを可能にすることができる。この概念はメンバーを協議に巻き込み、意思決定に参加させる参加型のリーダーシップと関連する概念であり（Nembhard & Edmondson, 2006）部下との間に良好な関係性を構築する関係性リーダーシップの1種であること（Carmeli et al., 2010; Choi et al., 2015; Hollander, 2012）が指摘されている。

Nembhard & Edmondson（2006）は、専門知識の違いを伴う多職種チームを対象とした医療チームに対する調査を行い、リーダーである医者のリーダーシップに注目した。彼女らはリーダーのインクルーシブ性を「他者の貢献を歓迎し、評価していることを示すリーダーやリーダーの言動」（p.947）と定義し、リーダーがインクルーシブ性を発揮しているほど、後述するチームメンバーが心理的安全性をチームメンバーが認知し、結果的に仕事の質を改善するタスクに対するエンゲージメントを高めることを明らかにしている。

その後 Carmeli et al.（2010）が心理的安全性を高めるリーダーシップ行動という観点からインクルーシブ・リーダーシップに注目し、「フォロワーとの相互作用において、開放性、近接性、利用可能性を示すリーダー」（p.250）と再定義するととともに尺度開発を行った。その結果、その後の多くの実証研究は Carmeli et al.（2010）による 3 次元モデルに基づいて測定されている。

これまで個人レベルのインクルーシブ・リーダーシップは、部下個々人の組織コミットメント（Choi et al., 2015）のような職務態度に加えて、創造的なタスクへの取り組み（Carmeli et al., 2010）やイノベーティブな行動に積極的になる（Javed et al., 2019）こと、周囲への支援行動（Randel et al., 2016）、知識共有（Morinaga et al., 2022）、上司への支援要請（松下ら，2022）といった従業員の能動的な行動を促すと考えられてきた。

またインクルーシブ・リーダーシップとジョブ・クラフティングの関係を実証しようとする取り組みもこれまで少数ながら取り組まれており両者の間の関係を検討している。例えば荒木（2019）は、両者の間に直接的な効果は見られなかったものの組織コミットメントを介した関係があることを主張している。また小山（2023）は、両者の関係が日本人従業員には見られるが、日本で働く高度外国人材では見られないことを明らかにしている。これらの結果を踏まえると、インクルーシブ・リーダーシップはジョブ・クラフティングを促す可能性があるが、それは何らかの要因を介在してもたらされるか、ある条件のもとでのみ見られる限定的な関係であることが示唆されている。ただし、2 つの研究ではいずれもタスク次元のクラフティングへの影響のみを検討している点で部分的な検討にとどまっており、より包括的な検討が求められている点にも注意が必要である。

ところで本章では、まずインクルーシブ・リーダーシップが職場の心理的安全性を介して接近型ジョブ・クラフティングを促すという関係を想定して検証していく。これは Wang, Demerouti, & Bakker（2016）の示唆する 2 つ目の経路、すなわち間接的な環境づくりを通じたジョブ・クラフティングの促進経路に注目するものである。

その理由は、インクルーシブ・リーダーシップと心理的安全性の関係については、繰り返し実証的知見が得られており（例えば Carmeli et al., 2010; Hirak et al., 2012; Javed, Naqvi, Khan, Arjoon, & Tayyeb, 2019）、メタ分析においてもその関連性が確認されている（Frazier, Fainshmidt, Klinger, Pezeshkan, & Vracheva, 2017）からである。

　また心理的安全性とジョブ・クラフティングとの間にも、正の関連があるという実証的知見が提供されている。Plomp et al.（2019）は期限なし雇用の従業員（permanent worker）と期限あり雇用の従業員（temporary agency worker）に対する調査を行い、心理的安全性がジョブ・クラフティングを介してエンプロイアビリティの知覚と関連するという仮説を検討している[2]。調査の結果、期限なし雇用の従業員においては心理的安全性がすべての次元のジョブ・クラフティングと関連していた。すなわち心理的安全性は「対人関係における仕事の資源の向上」次元のジョブ・クラフティングと「挑戦的な仕事の要求度の向上」次元のジョブ・クラフティングと正の関連があり、「妨害的な仕事の要求度の低減」次元のジョブ・クラフティングと負の関連があった[3]。本研究でも、期限なしの雇用状況にある正社員を対象にしていることから、同様の関係が見出されることが想定できる。これらを踏まえて以下の仮説を設定する。

仮説 2-1：上司のインクルーシブ・リーダーシップは心理的安全性を介して接近型ジョブ・クラフティングと関連がある。

　次に、インクルーシブ・リーダーシップと回避型ジョブ・クラフティングの関係について検討する。まずこれまでも繰り返し主張してきたように、インクルーシブ・リーダーシップは従業員の強みや違いを尊重し、それらを引き出そうとするリーダーシップである。そのため回避型ジョブ・クラフティングに位置づけられる「妨害的な仕事の要求度の低減」次元も促す働きがあると想定される。ただし、インクルーシブ・リーダーシップによって同時に引き出される心理的安全性とは、やや異なる関連性を持つと考えられる。す

なわち、心理的安全性の高い職場では支援要請が促されたりする一方で、安易に業務を縮小するような行動は抑制される。実際に Plomp et al. (2019) では、心理的安全性は「妨害的な仕事の要求度の低減」次元のジョブ・クラフティングに負の影響を与えていた。そのためお互いに遠慮なく意見が飛び交う職場では回避型のジョブ・クラフティングの頻度は高まりづらいと考えられる。そこで、以下のようにインクルーシブ・リーダーシップと回避型ジョブ・クラフティング間の直接的な関係のみを想定した仮説を設定する。

> 仮説2-2：上司のインクルーシブ・リーダーシップは回避型ジョブ・クラフティングと正の関連がある。

3. ピープル・マネジメント 調査の方法

3-1. 調査参加者と手続き

ピープル・マネジメント調査では、組織の人事施策と管理職のリーダーシップがジョブ・クラフティングに与える影響を検討することを目的としている。このうち人事施策は組織単位で設計されるものであるから、異なる組織に所属する多様な従業員に対する調査を行うことが有効である。

そこで本章では、2021年10月にインターネット調査会社への委託を通じて500名以上の規模の企業に勤務する正社員（係長級以下）に対して3波の質問票調査を実施した。インターネット調査では幅広い調査対象者から回答を得られるというメリットがある一方で、回答精度に問題があることもあるというデメリットが指摘されることがある。そこで本調査では回答の精度を確認するために、各回の調査でそれぞれ IMC（Instructional Manipulation Check）項目（Oppenheimer, Meyvis, & Davidenko, 2009）を1項目（i.e.,「この設問では

そう思わないを選択してください」）設定し、チェックを行った。

　調査は10月15日に第1回調査を開始し、1週間後に第2回調査、さらに1週間後に第3回調査を実施し最終的に1,000票の回答を得た。1,000名のうち男性が712名、女性が288名であった。平均年齢は、45.5(標準偏差10.22) 歳であり、職位は係長・主任級が373名、役職なしが627名であった。また転職経験のある人が514名、転職経験のない人が486名であった。

3-2. 質問項目

　ピープル・マネジメント調査で測定した尺度について、測定した時点別に紹介していく。第1回調査ではまず、上司のインクルーシブ・リーダーシップを測定した。測定尺度は、Carmeli et al.（2010）の9項目を邦訳して用いた。質問項目のサンプル項目は「私の上司は、新しいアイデアを聞くことに対して寛大である」、「私の上司は、仕事のプロセスを改善するための新しい機会に関心を持っている」、「私の上司は、悩みの相談に応じてくれる」、「私の上司は、新たに生じた問題について議論するために面会しやすい。」などである。

　次に、2つの人事施策を測定した。Takeuchi, Lepak, Wang, & Takeuchi（2007）に基づき、戦略的人的資源管理に取り組む施策の中から訓練の項目を用いて測定した。質問項目のサンプル項目は「私の会社では私に対し、能力開発のためのプログラムが継続的に提供されている」、「私の会社では私の能力開発のため、十分な時間と予算が投入されている」、「私の会社は私に単なる技能・知識にとどまらない包括的な力を伸ばすことを期待している」である。

　またケアに関わる施策の充実度を捉えるために、Chuang & Liao（2010）に基づき、3項目で測定した。質問項目のサンプル項目は「私の会社では、私の安全や健康を配慮する制度が整っている」、「私の会社では、私のワークライフバランスに配慮する制度が整っている」、「私の会社では、私の職務ストレスを軽減するための十分な体制が整っている」である。

第2回調査では仲介変数である心理的安全性を測定した。測定尺度は、宮島（2018）で用いられた尺度のうち5項目を用いて作成した。質問項目のサンプル項目は、それぞれ「私の職場では、私は自由に自分の考えを表明できる」、「私の職場では、本心を表明することは歓迎されている」、「私の職場では、私は自分の仕事に関して本心を打ち明けられる」などである。

第3回調査では従属変数としてジョブ・クラフティングの測定を行った。測定尺度は、Eguchi et al.（2016）で作成された日本語版尺度のうち「妨害的な仕事の要求度の低減」次元のジョブ・クラフティング、「対人関係における仕事の資源の向上」次元のジョブ・クラフティング、「挑戦的な仕事の要求度の向上」次元のジョブ・クラフティングに該当する3次元15項目を用いた。

このほか統制変数として、第1回調査の回答をもとに年齢、性別ダミー（女性＝1、男性＝0）、業種ダミー（製造業＝1、それ以外＝0）、職種ダミー（研究開発・技術職＝1、それ以外＝0）、転職経験ダミー（転職あり＝1、転職なし＝0）、を用いた。加えて、先行研究でジョブ・クラフティングに影響を与える可能性が指摘されてきた学習目標と職務自律性を測定して投入した（例えばMatsuo, 2019; Sekiguchi et al., 2017）。学習目標は第1回調査において、Brett & VandeWalle（1999）に基づく4項目で測定した。職務自律性は、第2回調査において、Morgeson & Humpherey（2006）に基づき3項目で測定した。

なお分析で用いられた変数はダミー変数化された変数を除きすべて「全くそのとおり」から「全くそう思わない」までの5段階のリッカートスケールによって測定した。

3-3．分析の概要

本章では、仮説で想定した変数間の関係を検証することに加え、既存研究で明らかにされてこなかった人事施策とリーダーシップの組み合わせの効果を探索的に検討することを目的にしている。そこでこのような探索的な側面

と緻密な検証的側面を両立させるために2つの方法を用いて分析を行った。

　まず変数間の関係を捉えるために共分散構造分析を行った。本章では従属変数であるジョブ・クラフティングを3次元に分けて独立変数あるいは仲介変数との関係をそれぞれ解明していくことを目的としている。また独立変数として想定しているリーダーシップと人事施策の間にはある程度相関があることも想定されるため、これらの変数間の相関関係を考慮に入れたうえで、精緻なメカニズムを検証するためには共分散構造分析を用いることが有効であると考えた。なお共分散構造分析においては、モデルが過度に複雑になることを回避するために相関分析の結果を踏まえて統制変数を吟味したうえで投入することにした。

　続いてジョブ・クラフティングに対するリーダーシップと人事施策の関係や組み合わせの効果の有無を検討するため、交互作用項付きの重回帰分析を含むいくつかの追加的な検討を行った。

4. ピープル・マネジメント調査の結果

4-1. 信頼性と妥当性

　仮説の検証に先立って、信頼性と妥当性を検討するための分析を行った。まず確認的因子分析を行った。本研究では、インクルーシブ・リーダーシップ、人事施策（訓練）、人事施策（ケア）、心理的安全性、3つの次元のジョブ・クラフティングに加えて学習目標と職務自律性を測定している。これら9つの変数を想定した確認的因子分析を行ったところ許容範囲内の適合性を示した。また赤池情報量基準（以降、AIC）の値も他の因子数を想定したモデルよりも小さい値を示したため9因子モデルを採用した（表6-1）。

表6-1　モデル適合度の比較

モデル	カイ2乗値	自由度	CFI	RMSEA	SRMR	AIC
モデル1：1因子モデル	17015.886	783	.497	.141	.136	17183.886
モデル2：7因子モデル	5159.240	799	.865	.074	.076	5367.240
モデル3：8因子モデル	2994.892	791	.932	.053	.040	3218.892
モデル4：9因子モデル	2531.236	783	.946	.047	.038	2771.236

注：7因子モデルはジョブ・クラフティング3次元を統合したモデル。8因子モデルは人事施策2次元を統合したモデル。

表6-2　各変数に関する基本情報

変数名	α	CR	AVE
学習目標	.904	.929	.769
職務自律性	.880	.861	.674
訓練に関わる人事施策（訓練）	.885	.903	.756
ケアに関わる人事施策（ケア）	.868	.879	.707
インクルーシブ・リーダーシップ	.962	.969	.776
心理的安全性	.923	.913	.678
ジョブ・クラフティング：挑戦要求	.901	.906	.658
ジョブ・クラフティング：対人資源	.852	.843	.526
ジョブ・クラフティング：要求低減	.850	.809	.462

　次に、収束的妥当性および弁別的妥当性を検討するために平均分散抽出（以降、AVE）を算出した（**表6-2**）。AVEは、おおむね基準となる.5よりも大きい値が得られたものの「妨害的な仕事の要求度の低減」次元のジョブ・クラフティングのみ.465と基準に満たない値にとどまった。「妨害的な仕事の要求度の低減」次元のジョブ・クラフティングに用いた項目の因子負荷量は5項目すべてで基準となる.5を超えていたが、そのうち3項目が.7に満たない値であったことが影響していると考えられる。このように、やや収束的妥当性に課題のある変数があることも示されたが、全体としては、おおむね大きな問題がないものと判断した。また弁別的妥当性を検討するために因子間の相関の値とAVEの平方の値を比較したところ、いずれもAVEの平

方の値が因子間の相関の値よりも大きいことが示された。このことから弁別的妥当性については問題がないと判断した。

　最後に信頼性を検討するためにクロンバックの α と合成信頼性（以降、CR）を算出した。クロンバックの α を算出したところ、インクルーシブ・リーダーシップ（α = .962）、訓練に関わる人事施策（α = .885）、ケアに関わる人事施策（α = .868）、心理的安全性（α = .923）、妨害的な仕事の要求度の低減（α = .850）、対人関係における仕事の資源の向上（α = .852）、挑戦的な仕事の要求度の向上（α = .901）、学習目標（α = .904）と職務自律性（α = .880）とすべての変数で十分な値を得た。同様に CR についても算出したところ、すべての変数で基準となる .7 を上回る値を得た。このことから尺度の信頼性についても問題ないと判断した。

　なお本章の調査は、3 時点に分けて収集しているものの、すべての変数が本人の自己評価によって収集されている。そのためコモン・メソッド・バイアスによって変数間の関係が過度に強調される可能性がある。そこで、Harman の単一因子テストを実施することで事後的なチェックを行っている（Podsakoff & Organ, 1986）。具体的には、分析に用いたインクルーシブ・リーダーシップ、人事施策（訓練）、人事施策（ケア）、心理的安全性、3 つの次元のジョブ・クラフティングに加えて学習目標と職務自律性のすべての質問項目を対象として固有値 1 以上を抽出条件に探索的因子分析（最尤法、回転なし）を行った。その結果、因子が 8 つ抽出された。第 1 因子の寄与率は11.71％であり、大多数ではないためコモン・メソッド・バイアスの問題は大きくないと判断した。

▌ 4-2. 記述統計

　分析に先立って各変数に対する回答者の回答状況および変数間の基本的な関連を把握するために記述統計を算出するとともに相関分析を行った（表6-3参照）。

　全体に関して言えば、各変数間にはおおよそ想定したとおりの関係が見ら

表6-3　相関表

	平均	標準偏差	1	2	3	4	5	6	7	8	9	10	11	12	13
1 年齢	45.5	10.22													
2 女性ダミー	0.3	.45	-.267***												
3 メーカーダミー	0.3	.46	.063*	-.166***											
4 研究開発職ダミー	0.2	.41	.029	-.213***	.219***										
5 転職経験ダミー	0.5	.50	.067*	.022	-.148***	-.189***									
6 学習目標	3.2	.92	-.046	.047	.006	.078*	.009								
7 職務自律性	3.3	.87	.041	-.009	.045	.114***	-.026	.300***							
8 訓練に関する人事施策（訓練）	2.8	.92	-.110***	.061+	.034	.119***	-.087*	.421***	.319***						
9 ケアに関する人事施策（ケア）	3.1	.90	-.086**	.101**	.051	.082***	-.072*	.347***	.323***	.698***					
10 インクルーシブ・リーダーシップ	3.1	.90	-.059+	.004	-.001	.059+	-.077*	.421***	.310***	.580***	.641***				
11 心理的安全性	3.1	.86	-.020	.014	.054+	.107***	-.068*	.315***	.498***	.522***	.592***	.594***			
12 ジョブ・クラフティング：挑戦要求	2.9	.85	-.072*	-.016	-.033	.095***	.023	.495***	.302***	.376***	.285***	.305***	.330***		
13 ジョブ・クラフティング：対人資源	2.9	.77	-.131***	.078*	-.016	.031	.006	.396***	.235***	.415***	.351***	.371***	.365***	.614***	
14 ジョブ・クラフティング：要求低減	3.2	.73	-.007	.062+	-.008	-.004	.028	.211***	.197***	.197***	.256***	.188***	.197***	.407***	.336***

注）***$p<.001$, **$p<.01$, *$p<.05$, +$p<.10$

れた。すなわちジョブ・クラフティングを促すと理論的に想定される人事施策やインクルーシブ・リーダーシップ、および心理的安全性とジョブ・クラフティングの間にはある程度の強さの相関が見られた。また、先行研究や第1章でジョブ・クラフティングとの間に正の関連があることが明らかにされてきた学習目標と職務自律性との間にも統計的に有意な水準で正の関連が見られた。なお、各変数の平均は2.8から3.3の間に収まっており、標準偏差も.73から.91の間の値であった。

　次に、ジョブ・クラフティングの3つの次元の平均値は「挑戦的な仕事の要求度の向上」次元のジョブ・クラフティングが平均値2.9（標準偏差.853）、「対人関係における仕事の資源の向上」次元のジョブ・クラフティングが平均値2.9（標準偏差.771）、「妨害的な仕事の要求度の低減」次元のジョブ・クラフティングが平均値3.2（標準偏差.732）であった。ジョブ・クラフティングの中で、「妨害的な仕事の要求度の低減」次元のジョブ・クラフティングだけが唯一3を超えた値を示しており、3つの中で最も頻繁に行われているジョブ・クラフティングであるということが分かる[4]。3つの次元の間の相関は、おおよそ想定どおりの関係が見られた。接近型ジョブ・クラフティングに含まれる2つの次元間の相関が.615と最も高く、その他の次元間の相関は中程度の強さで見られるものの相対的に見ると弱かった。

4-3．共分散構造分析

　仮説を検証するために共分散構造分析を行った。はじめにインクルーシブ・リーダーシップが心理的安全性を介して接近型ジョブ・クラフティングを促すとともに、回避型ジョブ・クラフティングを直接促し、人事施策（訓練）が接近型ジョブ・クラフティング、人事施策（ケア）が接近型ジョブ・クラフティングと回避型ジョブ・クラフティングを直接促すという関係を想定したモデルの分析を行った。なお統制変数としては、年齢、性別、業種、を想定するとともに、学習目標と職務自律性がそれぞれ3つのジョブ・クラフティングに影響を与えるパスを想定した。

分析の結果、インクルーシブ・リーダーシップと回避型ジョブ・クラフティングの関係と人事施策（ケア）と接近型ジョブ・クラフティングの関係を除いておおむね想定どおりの関係性を示す結果が得られたもののモデルの適合度に問題があると判断された（$\chi^2(8) = 290.768$（$p > 0.01$）、CFI＝.923、RMSEA＝.188、SRMR＝.050、AGFI＝.602、AIC＝430.768）。そこで、インクルーシブ・リーダーシップから「妨害的な仕事の要求度の低減」次元のパスおよび人事施策（ケア）から接近型ジョブ・クラフティングに含まれる2つの次元に向かうパスを削除するとともに職務自律性および2つの人事施策から心理的安全性に対するパスを追加して分析したところモデルの適合度が向上した（$\chi^2(8) = 12.042$（$n.s.$）、CFI＝.999、RMSEA＝.022、SRMR＝.007、AGFI＝.981、AIC＝152.042）。また AIC の値を比較すると修正前のモデルより修正後のモデルの方が小さい値を示していたため修正後モデルを採用した（**図6-2**）。

　修正後モデルでは、変数間に以下の関係性が見られた。まず職務自律性は、「挑戦的な仕事の要求度の向上」次元と「妨害的な仕事の要求度の低減」次元に影響を与えていた。また学習目標は3つのジョブ・クラフティングの下位次元にそれぞれ影響を与えていた。

　仮説との関係に注目して調査結果を記述していく。まず人事施策（訓練）は、心理的安全性、2種類の接近型ジョブ・クラフティングと正の関連を有

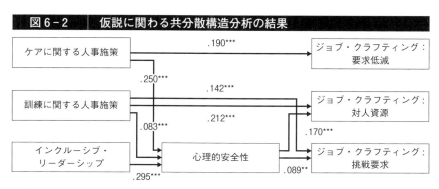

図6-2　仮説に関わる共分散構造分析の結果

注）***p<.001, **p<.01

していた。また心理的安全性は2種類の接近型ジョブ・クラフティングに正の関連を有していた。このことから**仮説1-1**は支持された。

　次に人事施策（ケア）は、「妨害的な仕事の要求度の低減」次元との間に正の関連を有していたことから**仮説1-3**は支持された。また心理的安全性との間にも正の関連を有していた。先にも触れたように心理的安全性は2種類の接近型ジョブ・クラフティングと正の関連を有していることから間接的な関係が見られた。このことから**仮説1-2**は部分的に支持された。

　最後に、インクルーシブ・リーダーシップは心理的安全性との間に正の関連を有していた。また心理的安全性から「挑戦的な仕事の要求度の向上」次元のジョブ・クラフティング、および「対人関係における仕事の資源の向上」次元のジョブ・クラフティングとの間のパスも、統計的に有意な水準で正の関連が見られることから**仮説2-1**は支持された。一方、インクルーシブ・リーダーシップから「妨害的な仕事の要求度の低減」次元へのパスは削除されたことから**仮説2-2**は支持されなかった。

4-4. 追加分析1：共分散構造分析における異なるモデルの検討

　本書のここまでの分析では組織としての人事施策と管理者のインクルーシブ・リーダーシップがジョブ・クラフティングに与える影響はそれぞれ独立したものであると考えてきた。しかし、ピープル・マネジメントの研究領域では、従業員行動に対して人事施策がリーダーシップを介して影響を与えるという媒介関係がある可能性が指摘されている（Leroy, Segers, Van Dieren-donck, & Den Hartog, 2018）。そこで2つの人事施策とインクルーシブ・リーダーシップとの間には強めの相関関係があることを踏まえつつ、そのような媒介モデルが成立する可能性について追加的に検討を行うため、上述の関係を想定したモデルに基づいて分析を行った。その結果適合度そのものは、おおむね良好であったがAICの値は採択された修正後モデルよりも大きい値を示していた（$\chi^2(12) = 75.656$（$p > 0.01.$）、CFI $= .983$、RMSEA $= .073$、SRMR

$= .022$、AGFI $= .922$、AIC $= 207.656$）。そこで本書ではここまでの記述どおり本章第4節第3項で用いた修正後モデルが最も適当と判断することとした[5]。

┃ 4-5．追加分析2：交互作用項付き重回帰分析の結果

さらに本章では、ピープル・マネジメント要因の要因間の組み合わせの効果を検討するために追加分析として重回帰分析を行った。具体的には2種類の人事施策およびインクルーシブ・リーダーシップとその組み合わせが、それぞれの次元のジョブ・クラフティングおよび心理的安全性に与える影響について探索的な分析を行った（**表6-4**）。

はじめに2つの人事施策とインクルーシブ・リーダーシップの単独の影響について紹介していく。人事施策（訓練）は「挑戦的な仕事の要求度の向

表6-4	重回帰分析の結果			
変数名	挑戦要求	対人資源	要求低減	心理的安全性
	2.902***	2.889***	3.192***	3.103***
年齢	−0.005*	−0.006**	0.001	0.001
女性ダミー	−0.111*	0.044	0.056	−0.003
メーカーダミー	−0.100+	−0.022	−0.012	0.033
研究開発職ダミー	0.081	−0.017	−0.045	0.044
転職経験ダミー	0.074	0.055	0.046	−0.011
学習目標	0.351***	0.190***	0.091**	−0.026
職務自律性	0.133***	0.054*	0.091**	0.293***
訓練に関する人事施策（訓練）	0.164***	0.176***	−0.018	0.082**
ケアに関する人事施策（ケア）	−0.013	0.014	0.170***	0.231***
インクルーシブ・リーダーシップ	0.006	0.105**	0.010	0.299***
訓練×インクルーシブ・リーダーシップ	−0.005	−0.002	0.036	0.010
ケア×インクルーシブ・リーダーシップ	−0.005	0.020	0.025	0.029
訓練×ケア	0.013	−0.033	0.007	−0.028
R^2	.305***	.257***	.103***	.517***

注）***$p<.001$, **$p<.01$, *$p<.05$, +$p<.10$

上」次元のジョブ・クラフティングおよび「対人関係における仕事の資源の向上」次元のジョブ・クラフティングに、それぞれ統計的に有意な水準で影響を与えていた。一方、「妨害的な仕事の要求度の低減」次元のジョブ・クラフティングに対しては、統計的に有意な水準で影響を与えていなかった。

　次に、人事施策（ケア）は「妨害的な仕事の要求度の低減」次元のジョブ・クラフティングに対して統計的に有意な水準で影響を与えていた。しかし「挑戦的な仕事の要求度の向上」次元のジョブ・クラフティングおよび「対人関係における仕事の資源の向上」次元のジョブ・クラフティングに対しては、統計的に有意な水準で影響を与えていなかった。このように2つの人事施策はジョブ・クラフティングの異なる次元に対して異なる影響を与えることが明らかになった。

　続いて、インクルーシブ・リーダーシップがジョブ・クラフティングの3次元に与える影響について見ていく。重回帰分析の結果では、インクルーシブ・リーダーシップは3つのジョブ・クラフティングのうち「対人関係における仕事の向上」次元のジョブ・クラフティングにのみ正の関連を持つという結果であった。また心理的安全性に対しても影響を与えていることが明らかになった[6]。

　最後に人事施策とリーダーシップの組み合わせ効果について検討を行った。3種類のジョブ・クラフティングと心理的安全性を従属変数としたうえで、3つの交互作用項を投入して重回帰分析を行ったところ、いずれの交互作用項も統計的に有意な水準で影響を与えていないことが分かった。このことから人事施策とリーダーシップの組み合わせの効果、すなわち相乗効果や調整効果は見られないことが明らかになった。

5. まとめ

　本章ではジョブ・クラフティングのマネジメントモデルに基づき、仮説検証を行うとともに、探索的な追加分析を行った。これらの一連分析を通じて明らかになったことについて、まとめていく。

　まず、訓練に関する人事施策は２種類の接近型ジョブ・クラフティングと正の関連を持っていた。分析結果は資源の保存理論によって事前に想定された直接的な関係に加えて、心理的安全性の醸成を介した間接効果も有することが明らかになった。組織が従業員の能力を高めようとする取り組みが従業員で認識され共有されることは、従業員が遠慮なく能力を発揮したり、挑戦することを許容したりする雰囲気を醸成する可能性がある。なお、このような訓練に関する人事施策と心理的安全性の関係は先行研究においてこれまで実証的に十分検証されてこなかった知見であり、今後継続的に検討していく余地がある有益な知見を得られたものと言える。

　次に、従業員のケアに関する人事施策は事前に想定されたとおり、回避型ジョブ・クラフティングと正の関連を持つことが明らかになった。回避型ジョブ・クラフティングを促すマネジメント要因についての既存の知見は乏しく、本研究で得られた知見は、極めて貴重であると考えている[7]。

　また従業員のケアに関わる人事施策は、その他の２つのマネジメント要因とともに心理的安全性と正の関連を持つことで間接的に接近型ジョブ・クラフティングを促すことが示唆された。本書ではケアに関する人事施策は接近型ジョブ・クラフティングに対して直接影響を与えると考えていたが、そのような影響は見られず、心理的安全性を介するものであった。この点については追加的な検討が必要であろう。

　最後に、先行研究で明らかにされてきたとおり、上司のインクルーシブ・リーダーシップは部下の職場に対する心理的安全性と強い関連があることが

明らかになった。そして心理的安全性は、接近型の２種類のジョブ・クラフティングと正の関連があることから管理者は職場の心理的安全性の醸成を介して接近型ジョブ・クラフティングを間接的に促すと考えられる。

　このように、本章で想定した５つの仮説のうち、４つは少なくとも部分的に支持された。プロアクティブ行動の先行研究で指摘されてきたように、従業員の自発的行動に対して、組織は、さまざまな経路を介して影響を与えることができるという結果である。一方、**仮説2-2**は支持されなかった。インクルーシブ・リーダーシップと回避型ジョブ・クラフティング（「妨害的な仕事の要求度の低減」次元のジョブ・クラフティング）の間には弱い相関関係が見られたものの、共分散構造分析でも重回帰分析でも統計的に有意な水準で影響は見られなかった。また仮説の想定と異なり人事施策の影響は、心理的安全性によって部分的に媒介されることが分かった。人事施策が与える価値観や雰囲気を醸成する効果は、心理的安全性にも反映されることが示された。

　なお本章では、ピープル・マネジメントの観点から管理者のリーダーシップと２つの異なる人事施策の影響について検討した。まずLeroy et al. (2018) の指摘を踏まえて、人事施策がリーダーシップに影響を与えることを通じてジョブ・クラフティングを促すというメカニズムを想定したモデルについても検討を行ったが、そのような因果を想定するモデルは採択するには至らなかった。ただし、この点についても今後継続的に検討する余地があると考えられる。

　また重回帰分析の結果、リーダーシップと人事施策の間には組み合わせの効果は見られなかった。このことから、少なくとも本書で注目したリーダーシップと人事施策は異なる観点からジョブ・クラフティングに影響を与えているということが分かった。逆にいえば、どちらか一方が高いレベルにあったとしても、もう一方の働きまでカバーできるというわけではなく、人事部による人事施策の設計の観点と、管理者によるリーダーシップの発揮の観点の双方から総合的に促進していくことが求められるということが分かった。

　これらをまとめると関連性の強さは限られているものの、組織は３つのマ

ネジメントによって心理的安全性を醸成することを通じて間接的に接近型ジョブ・クラフティングを行う人を増やすことができること、ケアに関する人事施策を策定することで回避型ジョブ・クラフティングを行う人を増やすことができると考えられる。

(1) 本章の記述は、組織学会2022年度研究発表大会での報告を大幅に修正して加筆したものである。

(2) この研究では Tims の尺度を用いて4次元がそれぞれ測定されている。

(3) 一方、期限あり雇用の従業員においては、心理的安全性は「妨害的な仕事の要求度の低減」次元のジョブ・クラフティングとのみ負の関連を持つことが明らかにされた。このことから心理的安全性はジョブ・クラフティングとの関連でいえば、とりわけ期限なし雇用の従業員（permanent worker）において重要であると考えられることが主張されている。

(4) 測定した尺度や次元が異なるため確定的なことは言えないが、このような結果は第1章で得られた SE 調査とは異なる可能性がある。職種によってもたらされるジョブ・クラフティングが異なる可能性については今後検討する必要があるだろう。

(5) なお、階層的重回帰分析の結果を踏まえると「対人関係における仕事の資源の向上」次元に関してのみ、そのような関係性がある可能性が見られる。ただし、3つの次元のジョブ・クラフティング全体に対する影響としては、それほど大きくないと判断した。

(6) 階層的重回帰分析の結果はいくつかの点で共分散構造分析で示された結果と異なっている。これは投入している説明変数間に相関関係があることが影響していると考えることができる。そのため本書では上述の影響を考慮した分析である共分散構造分析の結果を重視している。なお VIF の値を検討した結果、多重共線性の問題は生じていないと考えている。

(7) なお第4章で詳述したように、本書では回避型ジョブ・クラフティングは場面や状況に応じて使いこなすことが求められている行動と位置づけている。そのため、頻度を増やしさえすればよいというわけではない点には注意が必要である。

第 7 章

ジョブ・クラフティングの
個人内変動のマネジメント[1]

1. はじめに

　本章では、インクルーシブ・リーダーシップが従業員のジョブ・クラフティングの個人内の変動を説明するかどうかについて検討していく。そのため同じ人事施策下で働く同じ企業の従業員に対して縦断的データを収集する「日誌法」調査を行い、分析を行った。

　第6章では管理者がインクルーシブ・リーダーシップを発揮することは部下のジョブ・クラフティングを間接的に引き出すことが明らかになった。ただし、第5章で述べたようにジョブ・クラフティングの大半は「人」レベルの研究にとどまっており、一部の研究を除いて「日」レベルの変動を十分に説明していない。第6章で得られた知見も同様である。日誌法を用いて個人内の「日」レベルの変動を把握することは、個人間の変数の変動を説明する要因が同様に個人内の変数の変動を説明すると考えてよいのか、という点について精緻で追加的な知見を提供してくれることが期待できる。

　そこで本章では、第6章で明らかになったインクルーシブ・リーダーシップとジョブ・クラフティングの関係を「人」レベルと「日」レベルのインクルーシブ・リーダーシップとジョブ・クラフティングの関係を分離することで、特に「日」レベルの変動が示す個人内変動に対するインクルーシブ・リーダーシップの影響を検討していく。

2. 日誌法調査の目的

2-1. 目的と分析モデル

　本章では、インクルーシブ・リーダーシップにジョブ・クラフティングが与える影響について、第6章とは異なる観点から検証するため日誌法調査を行う。インクルーシブ・リーダーシップとジョブ・クラフティングの関係はこれまでも部分的に明らかにされてきた（例えば、荒木，2019；小山，2023）。本書では、これらの研究知見を基にしつつも以下の3つの点を拡張して検討していく。

　第1に、ここまで注目してきた「人」レベルのインクルーシブ・リーダーシップとジョブ・クラフティングの関係に加えて「日」レベルのインクルーシブ・リーダーシップとジョブ・クラフティングの関係にも同時に注目して分析を行っていく。ジョブ・クラフティング研究では、日誌法を用いて「日」レベルのジョブ・クラフティングに対するリーダーシップの影響を検討する研究が蓄積されてきた。しかしインクルーシブ・リーダーシップと「日」レベルのジョブ・クラフティングの研究は行われていない。その理由は、インクルーシブ・リーダーシップ研究が萌芽期にあり、インクルーシブ・リーダーシップの「日」レベルの研究が行われておらず、その確定的な尺度の開発も行われていないことが挙げられる。そこで本書では、この領域の嚆矢としての研究知見を提供していきたいと考えている。

　第2に、「日」レベルのインクルーシブ・リーダーシップとジョブ・クラフティングを結びつける特徴的な経路の影響を実証していく。第5章では、管理者がインクルーシブ・リーダーシップを発揮し、職場環境の整備を通じて部下のジョブ・クラフティングを行いやすくするという経路について検証を行った。これに対して本章は、もう1つの経路、すなわち管理者がリー

ダーシップを発揮することを通じて個人の資源を高めることでジョブ・クラフティングを促すという経路について、より短い時間幅を想定したうえで検討していく。

第3に、インクルーシブ・リーダーシップがジョブ・クラフティングに与える影響についてタイムラグの影響を検討していく。日誌法を採用する研究では、2つ以上の時間幅の影響を検討することで因果関係がもたらされる適切な時間幅について検討することが推奨されている（Sonnentag, 2015）。そこで、リーダーシップが翌日や翌々日のジョブ・クラフティングに与える残存効果について検討する。なお、本章の調査には調査日数の少なさに基づくデータの制約があるため、「日」レベルのジョブ・クラフティングにリーダーシップが与える効果とその範囲についての検討は試論的なものに留まっている。

また本章では資源の保存理論とその関連理論であるポジティブ感情の拡張－形成理論に基づいて仮説を設定していく。本章でポジティブ感情の拡張－形成理論に追加的に依拠する理由は、本章が「日」レベルのジョブ・クラフティングの変動に注目しており、そのような「日」レベルの変動を説明する要因としてポジティブ感情が重要な働きをすると考えられるからである（図7-1）。詳しくは、それぞれの仮説を導出する際に説明を行っていく。

▌2-2.「日」レベルのジョブ・クラフティング

資源アプローチのジョブ・クラフティング研究では、比較的早い段階から日誌法を用いた縦断的研究が行われてきた（Petrou et al., 2012; Tims et al., 2014）。その理由は大きく分けて2つ考えられる。第1の理由は、資源ベースアプローチのジョブ・クラフティング研究がジョブ・クラフティングと仕事のやりがいを示すワーク・エンゲージメントの間に双方向の影響関係を想定していたことである。そのため第4章でも紹介したようにジョブ・クラフティングの先行研究では因果推論の精度を高めるために、リサーチデザイン上の工夫を凝らした検討を行ってきた。その中で日誌法を用いた縦断的研究

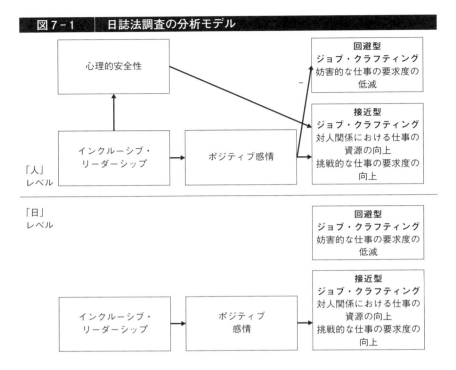

図7-1 日誌法調査の分析モデル

「人」レベル

心理的安全性

インクルーシブ・リーダーシップ

ポジティブ感情

回避型 ジョブ・クラフティング 妨害的な仕事の要求度の低減

接近型 ジョブ・クラフティング 対人関係における仕事の資源の向上 挑戦的な仕事の要求度の向上

「日」レベル

インクルーシブ・リーダーシップ

ポジティブ感情

回避型 ジョブ・クラフティング 妨害的な仕事の要求度の低減

接近型 ジョブ・クラフティング 対人関係における仕事の資源の向上 挑戦的な仕事の要求度の向上

にも精力的に取り組んできた。

　もう1つは、ジョブ・クラフティングが想定する時間幅によってやや異なるレベルのジョブ・クラフティング行動を対象する可能性のある概念であることである。そして、どの程度ジョブ・クラフティングに取り組むのかという回答も、想定するジョブ・クラフティングを行う時間幅とそれに伴う規模によって変わってくることが予想される。

　例えばLyons（2008）が、ジョブ・クラフティングを「仕事上の活動の変更または修正」と定義し、過去1年間に従業員が行ったクラフティングのエピソードを調査したところ、言及されたエピソードの平均数は1.49にとどまっていた。1年間という時間幅でヒアリングを行うことで、大規模なプロジェクトへの参画や仕事の範囲の拡張を上司に申し出るといった大規模なジョブ・クラフティングのエピソードが収集されたものと予想される。

一方「日」レベルのジョブ・クラフティング行動に限定した調査では、日常の職務遂行プロセスで取り組まれた小規模なジョブ・クラフティング行動が想定されて収集されていることが予想される。本書の問題意識を踏まえれば、従業員の自己調整行動としてのジョブ・クラフティングは、決して新規事業の開拓のような大規模なものに限定する必要はないだろう。既存のジョブ・クラフティング研究が捉え切れていなかった規模の小さなジョブ・クラフティングをより詳細に把握するために、「日」レベルの行動に注目することには一定の意義がある。

　「日」レベルのジョブ・クラフティング研究の嚆矢といえる Petrou et al.（2012）は従業員がある特定の日に仕事をクラフティングする時に、具体的に何をするのかという観点から「日」レベルのジョブ・クラフティングを概念化している。そのため Petrou et al. は、Tims et al.（2012）に基づきつつも、「日」レベル版に改定した資源の追求次元のジョブ・クラフティング、挑戦の追求次元の探索ジョブ・クラフティング、要求の低減次元のジョブ・クラフティングの3つの次元のジョブ・クラフティング尺度を開発している。

　Petrou et al.（2012）は、オランダの複数の組織で働く従業員110名（回収は95名）に対する5日間の調査の結果を行い、「日」レベルにおいて上述した3次元性が認められることを実証的に確認している。3つの次元の平均値と標準偏差は、それぞれ資源の追求次元のジョブ・クラフティング（M=2.73, SD=.68）、挑戦の追求次元のジョブ・クラフティング（M=2.08, SD=.68）、要求の低減次元のジョブ・クラフティング（M=2.02, SD=.57）であり、少ないながらも一日の業務の中でジョブ・クラフティングを行うこともあることが報告されている。また「日」レベルの3つの次元のジョブ・クラフティングは対人間の変動のみならず、対人内の変動、すなわち同じ人の中でもジョブ・クラフティングを多く行う日とあまり行わない日といったような変動がある程度見られることを明らかにしている[2]。

2−3. 「日」レベルのインクルーシブ・リーダーシップと ジョブ・クラフティング

　以下では「日」レベルのインクルーシブ・リーダーシップとジョブ・クラフティングの関連について仮説を設定していく。

　これまで、リーダーシップが「日」レベルのジョブ・クラフティングに影響を与えることは、いくつかのリーダーシップ・スタイルについて検討され、明らかにされてきた。そして個人間変動と同様に個人内変動についても、リーダーシップがおおむね影響を与えることが明らかにされてきた。例えば Hetland et al.（2018）は、変革型リーダーシップと「対人関係における仕事の資源の向上」次元のジョブ・クラフティングの関係を、Jiang, Lu, Wang, Zhu, & Lin（2021）は、上司のエンパワリング行動と「対人関係における仕事の資源の向上」次元のジョブ・クラフティングと「挑戦的な仕事の要求度の向上」次元のジョブ・クラフティングとの間に正の関係をあることを明らかにしている。

　しかし本章で注目している「日」レベルのインクルーシブ・リーダーシップを概念化したり、測定し、ジョブ・クラフティングに対する影響を検討した研究は、いまだ蓄積されていない。

　そこで本章では、一般的なレベルにおけるインクルーシブ・リーダーシップで用いられる「フォロワーとの相互作用において開放性・近接性・利用可能性を示すリーダー」（Carmeli et al., 2010, p.947）という定義に基づいて、このような3次元に含まれる日レベルの行動を上司の「日」レベルのインクルーシブ・リーダーシップと定義して用いていく。一般レベルのインクルーシブ・リーダーシップの定義では、リーダーの開放的な姿勢や態度を幅広く含むと考えられるが、本章ではより行動の側面に限定したうえで、インクルーシブ・リーダーシップ行動のジョブ・クラフティングに対する影響を検討する。

　まず上司のインクルーシブ・リーダーシップは、部下の「日」レベルの接近型ジョブ・クラフティングと正の関連があると想定していく。第6章でも

想定したように、資源の保存理論の**資源の共同体仮説**によれば、上司がインクルーシブ・リーダーシップを取り、部下に対して支持的・支援的な行動を取ることは部下の条件資源を高めることになるため、部下の資源獲得や資源の投資行動を促進するようになると考えられる。そのため上司のインクルーシブ・リーダーシップは、部下の「日」レベルの接近型ジョブ・クラフティングと正の関連があると想定していく。これらを踏まえて以下のような**仮説 3-1**と**仮説3-2**が設定できる。

　また上司のインクルーシブ・リーダーシップは、部下の「日」レベルの回避型ジョブ・クラフティングとも正の関連があると想定していく。「日」レベルの「妨害的な仕事の要求度の低減」次元のジョブ・クラフティングに影響を与える要因についての知見は限定的であるが、Petrou et al.（2012）では仕事の資源も仕事の要求度も共に豊かにある状態において、「妨害的な仕事の要求度の低減」次元のジョブ・クラフティングが多くもたらされることが明らかにされている。上司のインクルーシブ・リーダーシップは、支援を提供するという意味では従業員の担当業務を豊かにする役割を果たすと考えられる。また従業員のインクルージョンを高めて、個々の事情に合わせた働き方を促すことを目的の1つとした行動であることからも、回避型ジョブ・クラフティングに含まれる「妨害的な仕事の要求度の低減」次元のジョブ・クラフティングとも正の関連を持つと想定される。これらを踏まえて以下のような**仮説3-3**が設定できる。

　なお本章では、それぞれの従業員間で生じる「人」レベルのジョブ・クラフティングや上司のインクルーシブ・リーダーシップの違いを考慮に入れるために「人」レベルの分析も同時に行っていく。ただし、中心的に議論したい点とは異なるため「人」レベルについての仮説は設定せず、「日」レベルに関する仮説のみを設定していく。

> **仮説 3-1**：「日」レベルの上司のインクルーシブ・リーダーシップは「対人関係における仕事の資源の向上」次元のジョブ・クラフティングと正の関連を持つ。

仮説 3 - 2 ：「日」レベルの上司のインクルーシブ・リーダーシップは
　　　　　　「挑戦的な仕事の要求度の向上」次元のジョブ・クラフティ
　　　　　　ングと正の関連を持つ。
仮説 3 - 3 ：「日」レベルの上司のインクルーシブ・リーダーシップは
　　　　　　「妨害的な仕事の要求度の低減」次元のジョブ・クラフティ
　　　　　　ングと正の関連を持つ。

2-4．ポジティブ感情の影響

　次に本章では、ポジティブ感情の拡張形成理論に基づいて、ポジティブ感情の仲介効果を想定していく。ここでいうポジティブ感情とは、「高いエネルギー、完全な集中、快い関与の状態」（Watson, Clark, & Tellegen, 1988; p.1063）を指す。ポジティブ感情は、個人差要因の中でも性格特性などの安定的な要因と比べてマネジメント領域で議論されることは少なかった（George & Brief, 1992）。その理由は、その変動的な性質がゆえ、その変動やその影響を通常のワン・ショットサーベイで捉えることが難しかったことに一因があると考えられる。ただし、「日」レベルの従業員行動を説明する際には安定的な特質だけでなく短期的に変動のある感情の影響にも注目する必要があると指摘されており（Dalal, Alaybek, & Lievens, 2020）、本章でポジティブ感情の影響を考慮することは有益であろう。

　本章では、インクルーシブ・リーダーシップが部下のポジティブ感情を高め、接近型ジョブ・クラフティングを促すことを想定する。これは Wang, Demerouti, & Bakker（2016）によって提示された2つの経路のうち第5章で扱われなかったもう一方の経路に当たるものであり、部分的にすでにいくつかの先行研究によってリーダーシップが類似の影響を与えうることが実証的に示唆されている。本章でも、これらの先行研究と同様にポジティブ感情の拡張形成理論（Fredrickson, 2001）に基づき仮説を設定していく。

　Fredrickson（2001）のポジティブ感情の拡張形成理論によれば、ポジティブ感情は個人の瞬間的な思考や行動のレパートリーを広げ、物理的・知

的資源から心理・社会的資源まで、人々の個人資源を高めることができるとされる。すなわち職場で従業員がポジティブな感情を経験することは、従業員の拡張的で積極的な行動を取るようになると考えられる（Bindl, Parker, Totterdell, & Hagger-Johnson, 2012; Fritz & Sonnentag, 2009）。実際に、Lu et al.（2014）では、ポジティブで高喚起の感情状態が、物理的次元および関係的次元のジョブ・クラフティングと正の関連があることを見出している。

　また、Griep et al.（2022）は、ポジティブな感情を能動的なポジティブ感情と受動的なポジティブ感情に分類したうえで関連性を検討しており、前者とのみジョブ・クラフティングは正の関連があることを明らかにしている。

　これらを踏まえるとインクルーシブ・リーダーシップは、ポジティブ感情を高めることを介して接近型のジョブ・クラフティングに影響を与えると考えられる。すなわちポジティブ感情は、インクルーシブ・リーダーシップと「対人関係における仕事の資源の向上」次元、および「挑戦的な仕事の要求度の向上」次元という2種類の接近型のジョブ・クラフティングとの関係を仲介するだろう。

　一方、ポジティブ感情は接近的な行動を説明するが、他方で回避型のジョブ・クラフティングである「妨害的な仕事の要求度の低減」次元のジョブ・クラフティングとは関連を持たないだろう。それは回避型ジョブ・クラフティングは拡張的な行動とは必ずしも言えないからである。以上を踏まえて以下の仮説を設定する。

　　仮説4-1：「日」レベルのインクルーシブ・リーダーシップは「日」レベルのポジティブ感情を介して「日」レベルの「挑戦的な仕事の要求度の向上」次元のジョブ・クラフティングと正の関連を持つ。

　　仮説4-2：「日」レベルのインクルーシブ・リーダーシップは「日」レベルのポジティブ感情を介して「日」レベルの「対人関係における仕事の資源の向上」次元のジョブ・クラフティングと正の関連を持つ。

3. 日誌法調査の方法

3-1. 調査参加者と事前調査

　Y社で働く従業員102名に事前調査と本調査の2種類の調査を行った。Y社はコンサルティングに取り組む企業で、従業員はおよそ250名が所属している。調査に当たっては、各部門の部門長に調査参加者の割り当てを依頼し、102名の調査対象者を選定した。そのうえで、調査対象者に調査は自由参加であること等を詳しく説明したうえで参加に対する依頼をし、承諾を得た。調査をY社1社で実施することは調査結果の外的妥当性を低めざるを得ないが、調査対象者が働く人事制度上の特徴を統制したうえでインクルーシブ・リーダーシップの影響を精緻に検討することを可能にしている。

　事前調査は本調査に先立って実施し、本調査の実施の前の週までに回答を求めた。対象となった102名（うち、女性が32名）全員が回答した（回答率100.0％）。年齢分布は20代が8名、30代が32名、40代が18名、50代以上が44名である。職種はコンサルタント職が72名であり、それ以外の幅広い職種の従業員が30名含まれている。転職回数の最大値は7回であったが半数以上の57名が転職回数は0と回答した（平均0.95、標準偏差1.47）。

　事前調査では、年齢、性別、職種、転職回数、一般レベルの学習目標（Brett & VandeWalle, 1999による3項目）、職務自律性（Morgeson and Humpherey, 2006に基づく1項目）、インクルーシブ・リーダーシップ（Carmeli et al., 2010に基づく9項目）、心理的安全性（宮島，2018に基づく3項目）、ジョブ・クラフティング（Petrou et al., 2012で作成された「日」レベルの尺度を一般的な文言に修正し作成した、「妨害的な仕事の要求度の低減」、「対人関係における仕事の資源の向上」、「挑戦的な仕事の要求度の向上」に該当する3次元9項目）を測定した。これらに加えてY社の特徴を把握するために、多様性

推進の取り組み状況および価値観や専門性の多様性の程度、能力開発に関わる人事施策の提供度合いについての主観的評価を質問した。

事前調査の結果、Y社の特徴があぶり出された。第1に、Y社は深層的多様性の程度が比較的高い職場と考えられた。Y社の多様性推進の取り組み度合い、および価値観や専門性の多様性に対する評価を集計したところ、経営陣の多様性推進に対する評価の平均値は3.4(S.D. = .81) であり比較的高かった。また職場の価値観の多様性の平均値は4.0(S.D. = .28)、専門性の多様性の平均値は3.7(S.D. = .83) であり、いずれも高い値であった。

第2に、能力開発に関わる人事施策もある程度実施されている企業であると考えられた。継続的な能力開発に対する評価の平均値は3.3(S.D. = .90) であり比較的高かった。また能力開発の予算と時間の確保に対する評価の平均値は3.1(S.D. = .93) であり、いずれもやや高かった。能力開発の予算と時間の確保については3に近い値となったが、これはコンサルティング会社の多忙さゆえ、時間面の確保が難しいからではないかと推測された。

第3に、職務自律性の平均値は3.5(S.D. = .82) であり比較的高く、自律的な職務設計が行われていると考えられた。

なお、これらの変数についてコンサル職と非コンサル職とに分けて平均値の集計を行い平均値の差の検定を行った。いずれの変数の間にも統計的に有意な水準の差は見られなかった。そのため以後の分析ではコンサル職と非コンサル職を特に分けずに分析を行っていく。

3-2. 本調査の手続きと質問項目

事前調査に対する回答者102名を対象に翌週1週間（5営業日）の本調査を行った。本調査は、調査期間中毎日15時頃にメールにて質問票へのリンクをメールで送付し、1日の業務終了後に回答することを求めた。その後20時と22時の時点で回答が完了していない者にはリマインドメールを送った。さらに翌日10時前に前日の回答が終了していないものに対しては追加のリマインドメールを送付し、なるべく業務開始前に回答するように求めた。

尺度は先行研究で用いられた測定尺度を邦訳してなるべくそのまま用いた。ただし調査方法の特性上、同一質問項目に対して複数回の回答を求める必要があるため、質問項目数を限定するとともに、質問項目の文言が回答者にとって違和感のない自然な表現になることを優先して実施することとした。

　まずポジティブ感情は、川人・大塚・甲斐田・中田（2012）の日本語版PANAS尺度のうち、仕事中に感じていた気分として「誇らしい」、「興奮した」の2つについて測定した。

　またジョブ・クラフティングは、Petrou et al.（2012）で作成された「日」レベルの尺度を邦訳して測定した。具体的には「妨害的な仕事の要求度の低減」、「対人関係における仕事の資源の向上」、「挑戦的な仕事の要求度の向上」にそれぞれ該当すると位置づけられた。これらの測定には3次元9項目を用いた。

　最後に、職務の自律性についてMorgeson & Humpherey（2006）の測定尺度を「日」レベルに修正し、「今日の私の仕事は、仕事のやり方を自分で決めることができるものだった。」として用いた。

　また、インクルーシブ・リーダーシップの日誌法調査はこれまで実施されていないことから質問項目を「日」レベルの行動を捉える文言へと修正して用いた。Carmeli et al.（2010）の3次元3項目を「日」レベルに文言を修正したうえで、「今日」という表現を強調して用いた[(3)]。サンプル項目は「私の上司は今日、私が新しいアイデアを出すことを奨励していた。」、「私の上司は今日、私の要望に応えてくれた。」、「私の上司は今日、相談するために時間を割いてくれた。」である。

　102名に対して5日間の調査を実施した結果、4名5日分の未回答があったが、合計505票の回答を得た（回収率99.0％）。なお、このうち2名2日分は調査期間中に急遽休暇を取得することになったため、労働時間が0であることのみの回答を回収したものである。調査対象者102名全員が3日以上の回答をしたため、102名分のデータを分析に用いることにした。分析にはHAD（清水，2016）を用いた。

3-3. 分析の概要

　本調査のデータは人レベルと日レベルの2水準で分析を行うために、マルチレベル構造方程式モデル（マルチレベルSEM）を用いた。日誌法データをそれぞれ個票データとして用いて媒介効果を分析することは、データの階層性を無視していることになり問題がある。一方、日誌法によって収集した個票を単純に人レベルに集約して単一レベルで分析を行う場合にも、個人内効果（Within effect）と個人間効果（Between effect）が混在することの課題がある。マルチレベル構造方程式を用いることによって両レベルの影響関係を分離したうえで検討することが可能になる（詳細については大谷ら，2016；清水，2014などを参照のこと）。

4. 日誌法調査の結果

4-1. 信頼性と妥当性

　「日」レベルのインクルーシブ・リーダーシップとポジティブ感情、3次元から構成されるジョブ・クラフティング、および職務自律性からなる6因子の因子構造を確認するために確認的因子分析を行った。その結果、許容範囲の適合度が得られた $\chi^2(75) = 186.555(p < .001)$、CFI = .962、RMSEA = .054、SRMR = .047）。またAICの値は276.555であり、その他の因子数を想定した分析よりも小さい値を得たため6因子構造を採用して以降の分析を行った（**表7-1**）。

　次に、収束的妥当性を検討するため3項目以上で測定した4つの次元について平均分散抽出（以降、AVE）と合成信頼性（以降、CR）を算出した（**表7-2**）。その結果、CRは、.699であったポジティブ感情を除いて基準とな

表7-1　　　モデル適合度の比較

モデル	カイ2乗値	自由度	CFI	RMSEA	SRMR	AIC
モデル1：1因子モデル	1921.898	90	.377	.201	.162	1981.898
モデル2：4因子モデル	999.817	84	.689	.147	.115	1071.817
モデル3：6因子モデル	186.555	75	.962	.054	.047	276.555

注：4因子モデルはジョブ・クラフティング3次元を統合したモデル。

表7-2　　　「日」レベル変数に関する基本情報

	α	CR	AVE
「日」レベル 職務自律性			
「日」レベル インクルーシブ・リーダーシップ	.868	.869	.567
「日」レベル ポジティブ感情	.678	.699	.415
「日」レベル ジョブ・クラフティング：挑戦要求	.861	.911	.659
「日」レベル ジョブ・クラフティング：対人資源	.636	.793	.458
「日」レベル ジョブ・クラフティング：要求低減	.836	.871	.572

注：職務自律性については1項目で測定したためα、CR、AVEを算出していない。

る.7を超えていた。ただし、AVEについてはインクルーシブ・リーダーシップ、「挑戦的な仕事の要求度の向上」次元のジョブ・クラフティング、「妨害的な仕事の要求度の低減」次元のジョブ・クラフティングについては基準とされる.5（Fornell & Larcker, 1981）を超えていたが、「対人関係における仕事の資源の向上」次元のジョブ・クラフティングは.46、ポジティブ感情は.41とやや基準の値に満たない変数もあった。最後に弁別的妥当性を検討するためにAVEの平方と各因子間の相関の値を比較した。その結果、各因子のAVEの平方は因子間の相関の値よりも大きかった。これらの結果から収束的妥当性については、やや改善の余地はあるものの、おおむね良好な値が得られたと判断した。

　そこで以降では想定どおり、インクルーシブ・リーダーシップ（α＝.868）、ポジティブ感情（α＝.678）、「挑戦的な仕事の要求度の向上」（α＝.861）、「対人関係における仕事の資源の向上」（α＝.636）、「妨害的な仕事

の要求度の低減」（α＝.836）という3つの次元のジョブ・クラフティングと職務自律性を加えた6因子モデルを採用して分析に用いていく。

　なお AVE とクロンバックの α について、「対人関係における仕事の資源の向上」次元のジョブ・クラフティングとポジティブ感情に関する指標がそれぞれやや低い値を示した。これは日誌法を実施するにあたって、回答者の負担を考慮して項目数を削減していることが関係していると考えられる。加えて、今回用いた「対人関係における仕事の資源の向上」次元のジョブ・クラフティングの尺度は、上司との関係性に関する質問項目と同僚との関係に関する質問項目が含まれていることも関係していると考えられる。調査対象企業への事後的なヒアリングの結果、今回の調査対象者であるコンサルティング会社の場合、職場やチームとしての関わりが相対的に弱く、上司との関わりに関するクラフティング行動と同僚との関わりに関するクラフティング行動との間の一貫性が通常よりも低い可能性が明らかになった。このことが結果に影響を与えていると考えられる点には留意する必要がある。

4-2. 記述統計およびマルチレベル相関

　本研究で用いた「日」レベルの尺度について、平均値と標準偏差を算出した（**表7-3**）。まず、「日」レベルの「妨害的な仕事の要求度の低減」次元のジョブ・クラフティングと「挑戦的な仕事の要求度の向上」次元のジョブ・クラフティングの値は、平均値が3を超えており頻繁に行われていることが分かった。一方、「対人関係における仕事の資源の向上」次元のジョブ・クラフティングの値は3を割り込み、相対的に見てあまり多くは行われていなかった。標準偏差は3つの次元とも.8程度であり、ある程度ばらつきがあることが分かった。また「日」レベルのインクルーシブ・リーダーシップは3.3、「日」レベルの職務自律性の値は3.9と高い値を示していたが、「日」レベルのポジティブ感情は2.8とやや低い値であった。

　次に、級内相関の値を算出した（**表7-3**の太字箇所）。その結果、「日」レベルで測定を行った6つの変数（上述の5つの変数に加えて職務自律性）すべて

		平均値	標準偏差	1	2	3	4	5	6	7	8
1	一般レベル 学習目標	3.9	.62	0.78							
2	一般レベル 心理的安全性	3.7	.75	.322**	0.87						
3	「日」レベル 職務自律性	3.9	.88	.379**	.433***	**.347****	−.003	.124*	.072	−.195***	.002
4	「日」レベル インクルーシブ・リーダーシップ	3.3	.79	.236*	.493***	.319*	**.553***	.161**	.170***	.211***	−.014
5	「日」レベル ポジティブ感情	2.8	.78	.383***	.460***	.364**	.491***	**.546***	.231***	.120*	−.005
6	「日」レベル ジョブ・クラフティング：挑戦要求	3.1	.87	.204+	.016	−.053	.251*	.297*	**.650***	.159**	.029
7	「日」レベル ジョブ・クラフティング：対人資源	2.7	.80	.258*	−.029	−.124	.166	.320**	.614***	**.493***	.004
8	「日」レベル ジョブ・クラフティング：要求低減	3.1	.82	.027	.028	−.050	.049	.227+	.338**	.230+	**.466***

注1） ***p<.001, **p<.01, *p<.05, +p<.10
注2） 対角行列（細字）は、クロンバックのα、対角行列（太字）は級内相関、上三角行列は「within」レベルの相関、下三角行列は「between」レベルの相関を表す。

において0.1％水準で有意であった。またポジティブ感情、ジョブ・クラフティングについてデザインエフェクトの推定値を算出した。その結果、2.83から3.65で2を超えていることからマルチレベル分析を行うことにした。

　最後に、マルチレベル相関分析を行った（表7-3）。その結果、「between」レベルと「within」レベルでやや異なる相関関係が見られた。

　まず、「between」レベルのインクルーシブ・リーダーシップとジョブ・クラフティングとの関連は、やや予想と異なるものであった。「between」レベルのインクルーシブ・リーダーシップと「挑戦的な仕事の要求度の向

上」次元のジョブ・クラフティングとの間に有意な水準での正の相関が見られたものの、「対人関係における仕事の資源の向上」次元のジョブ・クラフティングと「妨害的な仕事の要求度の低減」次元のジョブ・クラフティングとの間には、統計的な有意な関係性は認められなかった。また「between」レベルの心理的安全性とジョブ・クラフティングの間に相関関係は認められなかった。さらに、ポジティブ感情とジョブ・クラフティングの間には、ポジティブ感情と「妨害的な仕事の要求度の低減」次元のジョブ・クラフティングの間に有意傾向の正の関連が見られた。最後にポジティブ感情と接近型の2つの次元のジョブ・クラフティングとの間に正の関係が認められた。

これに対して「within」レベルの相関関係では、弱いながらもインクルーシブ・リーダーシップ、ポジティブ感情、ジョブ・クラフティングの3変数に関して、おおむね想定どおりの関連が見られた。すなわち「within」レベルインクルーシブ・リーダーシップとポジティブ感情、および「対人関係における仕事の資源の向上」次元のジョブ・クラフティング、「挑戦的な仕事の要求度の向上」次元のジョブ・クラフティングという2種類のジョブ・クラフティングとの間に統計的に有意な水準で正の相関関係が見られた。一方、「within」レベルのインクルーシブ・リーダーシップと「妨害的な仕事の要求度の低減」次元のジョブ・クラフティング、およびポジティブ感情と「妨害的な仕事の要求度の低減」次元のジョブ・クラフティングの間に統計的に有意な水準で関連は認められなかった。

4-3. マルチレベル構造方程式モデルの分析結果

インクルーシブ・リーダーシップがジョブ・クラフティングに影響を与えるメカニズムを検討するために、マルチレベル構造方程式モデルを用いた分析を行った（**図7-2**）。目的変数に3つの次元のジョブ・クラフティングを、媒介変数としてポジティブ感情を投入した。また「between」レベルに学習目標を、職務自律性を両レベルに投入しポジティブ感情、およびジョブ・クラフティングに対する影響を想定した。その後、若干のモデルの修正を行っ

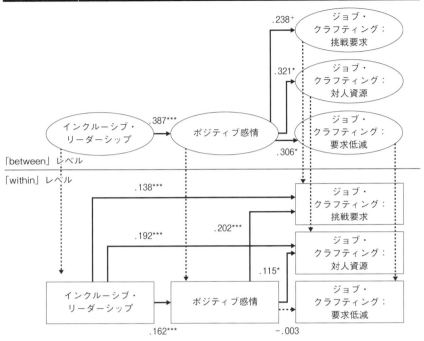

図7-2　マルチレベル共分散構造分析の結果

注1）χ^2=6.85, df=, P=.14, CFI=.985, RMSEA=.038, SRMR=.020, AIC=96.848
注2）$^{***}p<.001$, $^{*}p<.05$, $^{+}p<.10$

た結果、適合度は良好であった（χ^2=6.85, df=, P=.14, CFI=.985, RMSEA=.038, SRMR=.020, AIC=96.848）[4]。

　まず「between」レベルにおいてインクルーシブ・リーダーシップは、ポジティブ感情と統計的に有意な正の関連を有していた（β=0.387, $p<.001$）。またポジティブ感情は、「対人関係における仕事の資源の向上」次元のジョブ・クラフティング、および「妨害的な仕事の要求度の低減」次元のジョブ・クラフティングの2つのタイプのジョブ・クラフティングに統計的に有意な正の関連を有していた（「対人関係における仕事の資源の向上」次元のジョブ・クラフティング　β=0.321, $p<.05$;「妨害的な仕事の要求度の低減」次元のジョブ・クラフティング　β=0.306, $p<.05$）一方、「挑戦的な仕事の要求度の向上」

次元のジョブ・クラフティングに対する影響は有意傾向にとどまった（$\beta =$ 0.228, $p<.10$）。上司がインクルーシブ・リーダーシップ行動を取っている従業員ほど、ポジティブ感情を強く感じていること、ポジティブ感情を強く感じている人ほど、（種類によって影響は異なるが）ジョブ・クラフティングを頻繁に行う傾向が読み取れる。なお、「人」レベルにおいてはインクルーシブ・リーダーシップから3つの次元のジョブ・クラフティングに対する直接的な影響は統計的に有意な水準で関連性は確認されなかった（「対人関係における仕事の資源の向上」次元のジョブ・クラフティング　$\beta = 0.061$, n.s.；「挑戦的な仕事の要求度の向上」次元のジョブ・クラフティング　$\beta = 0.176$, n.s.；「妨害的な仕事の要求度の低減」次元のジョブ・クラフティング　$\beta = -0.055$, n.s.）。

　次に「within」レベルにおいて、インクルーシブ・リーダーシップは、ポジティブ感情と統計的に有意な関連を有していた。（$\beta = 0.162$, $p<.001$）。またポジティブ感情は、「対人関係における仕事の資源の向上」次元のジョブ・クラフティングと「挑戦的な仕事の要求度の向上」次元のジョブ・クラフティングという2種類の接近型のジョブ・クラフティングに統計的に有意な正の関連を有していたが、「妨害的な仕事の要求度の低減」次元のジョブ・クラフティングとは統計的に有意な関連は確認されなかった（「対人関係における仕事の資源の向上」次元のジョブ・クラフティング　$\beta = 0.115$, $p<.005$；「挑戦的な仕事の要求度の向上」次元のジョブ・クラフティング　$\beta = 0.202$, $p<.001$；「妨害的な仕事の要求度の低減」次元のジョブ・クラフティング　$\beta = -.003$, n.s.）。

　さらにインクルーシブ・リーダーシップから「対人関係における仕事の資源の向上」次元のジョブ・クラフティングと「挑戦的な仕事の要求度の向上」次元のジョブ・クラフティングという2種類のジョブ・クラフティングへの直接効果をあらわすパスは、統計的に有意な水準で正の関連を有していたが、「妨害的な仕事の要求度の低減」次元のジョブ・クラフティングとの間の直接効果をあらわすパスは、統計的に有意な水準の関連は確認されなかった（「対人関係における仕事の資源の向上」次元のジョブ・クラフティング $\beta = 0.192$, $p<.001$；「挑戦的な仕事の要求度の向上」次元のジョブ・クラフティング $\gamma = 0.202$, $p<.001$；「妨害的な仕事の要求度の低減」次元のジョブ・クラフティング

$\beta = -.014, \textit{n.s.}$）。

　マルチレベル相関分析およびマルチレベル共分散構造分析の結果を踏まえ
ると、本章で設定した5つの仮説のうち**仮説3-3**を除く4つを支持する結果
を得た。すなわちその日、上司がインクルーシブ・リーダーシップ行動を
取っていたと従業員が認識することと、その日ポジティブ感情を強く感じた
という認識が関連すること、また、その日ポジティブ感情を強く感じたとい
う認識は、その日仕事を挑戦的にしようとするジョブ・クラフティングを
行っていたという認識やその日に他者との対人関係における資源を獲得しよ
うとするジョブ・クラフティングを行ったという認識と関連する、というこ
とを示している。

　ただし、その日上司がインクルーシブ・リーダーシップ行動を取ったとい
う従業員の認識は、仕事を挑戦的にしたり、他者との関係性を獲得したりし
たというジョブ・クラフティングについての認識とも直接影響を関連してお
り、ポジティブ感情以外のメカニズムによって両者が関連する経路が残され
ている可能性が示されている。

　一方**仮説3-3**は支持されなかった。上司の振る舞いは、それがインクルー
シブなものであっても要求度を低減する行動は促しづらいというものであ
る。回避型のジョブ・クラフティングを促すためには、ライン外の支援が必
要であることを示唆していると言えるであろう。

▎4-4．追加的分析：異なる時点間の分析

　日誌法では、タイムラグがもたらす影響を検討するために2時点以上の間
の検討を行うことが推奨されている（Sonnentag, 2015）。上述の最終モデル
を用いて t＋1 時点までの影響、および t＋2 時点までの影響を検討する分析
を行った。なお t＋2 時点までの影響を検討する分析では5日間すべての回
答を行った97名のみが対象となった。

　その結果、「within」レベルのインクルーシブ・リーダーシップは翌日の
ポジティブ感情やジョブ・クラフティング、および2日後のジョブ・クラフ

ティングとの間に統計的に意味ある水準で関連を持たないことが明らかになった。また、ポジティブ感情も翌日のジョブ・クラフティングとの間に統計的に意味ある水準で関連は見られなかった。

このことから「within」レベルのインクルーシブ・リーダーシップは、当日のポジティブ感情に与える影響は示されたものの、翌日や翌々日への影響は見られなかった。ただし、すでに述べたように本章の調査には調査日数が少ないというデザイン上の限界がある。そのため、本調査の結果だけからは確定的なことはいえない。また、1日の間に複数の測定を行う調査などを通じて、両者の関係が成立する、より短い時間幅の境界については、今後検討する必要があるだろう。

なお、t時点のポジティブ感情を介してt+1およびt+2時点のジョブ・クラフティングに及ぼす影響について検討した際に、「between」レベルのポジティブ感情と「妨害的な仕事の要求度の低減」次元のジョブ・クラフティングの間に統計的に有意な水準で正の関連が見られるようになった。t時点間のポジティブ感情と「妨害的な仕事の要求度の低減」次元のジョブ・クラフティングの間には、有意傾向の正の関連が見られており、そのような傾向がより明確に見られた。これらは、ポジティブ感情には翌日以降に業務を縮小するような揺り戻し効果があることを示唆しているのかもしれないが、この結果は、週の後半にかけて「妨害的な仕事の要求度の低減」次元のジョブ・クラフティングが増加するという曜日の効果を受けている可能性も考えられる。この点についても、複数の週に渡る調査を通じて、追加的に検討する余地があるだろう。

5. まとめ

調査の結果、「人」レベルを示す「between」レベルにおいても「日」レ

ベルを示す「within」レベルにおいても、少なくとも部分的にはインクルーシブ・リーダーシップがポジティブ感情を介して接近型ジョブ・クラフティングに影響を与えるという関係が確認された。本章の調査結果は、インクルーシブ・リーダーシップを取ることが、「within」レベルの接近型ジョブ・クラフティングを促すことが部下の個人内変動においても有益であることを示している。また、それらは部分的にはポジティブな感情を喚起することで促される「間接的」なものであることが明らかになった。すなわち上司のリーダーシップを通じて中長期的な観点からジョブ・クラフティングする人を増やすというだけでなく、その日の状態に働きかけることもできるということである。ただし、「within」レベルで見られた関連は決して強いものではなかったことには注意が必要であろう。

　また本章の分析では、「between」レベルと「within」レベルでやや異なる関連性も見出された。まずポジティブ感情と「妨害的な仕事の要求度の低減」次元のジョブ・クラフティングとの関連である。「between」レベルでは、ポジティブ感情は「妨害的な仕事の要求度の低減」次元のジョブ・クラフティングを促すという関係が見出されたが、「within」レベルでは見出されなかった。すなわちポジティブ感情が基本的に高水準な従業員は、接近型ジョブ・クラフティングと同様、回避型ジョブ・クラフティングを行う傾向があるが、「within」レベルでポジティブ感情が高まったからと言って「妨害的な仕事の要求度の低減」次元のジョブ・クラフティングを行うというわけではないという結果である。このような違いが生まれた可能性については、上述したとおり曜日や分析レベルの影響がある可能性もあり、今後追加的な検討が必要であろう。

　次に、インクルーシブ・リーダーシップと接近型ジョブ・クラフティングの間の直接効果の有無にも違いが見られた。「between」レベルの分析では、インクルーシブ・リーダーシップと接近型ジョブ・クラフティングの関係は、ポジティブ感情によって完全に媒介されており、直接効果は見られなかった。これは、日常の業務の中で行われるジョブ・クラフティングとインクルーシブ・リーダーシップの両者の関係がポジティブ感情の拡張形成理論

によってかなり説明可能であることを示唆していると考えられる。一方「within」レベルの分析においては、インクルーシブ・リーダーシップと接近型ジョブ・クラフティングの間に直接効果が認められた。これは両者の間に本章で想定したメカニズム以外の関連性があることを示唆しており、残された課題として継続的な検討が必要であるといえるだろう。

(1) 本章の記述は21st European Association of Work and Organizational Psychology Congress 2023での報告内容をもとに大幅に加筆修正したものである。
(2) 「日」レベルのジョブ・クラフティング研究に注目する先行研究でも、ジョブ・クラフティング行動は、おおむね動機づけ効果を有することが明らかにされている。Petrou et al.（2012）は、接近型の2種類のジョブ・クラフティング（「挑戦的な仕事の要求度の向上」次元のジョブ・クラフティングと「対人関係における仕事の資源の向上」次元のジョブ・クラフティング）がワーク・エンゲージメントと正の関係がある一方で、回避型のジョブ・クラフティングである「妨害的な仕事の要求度の低減」次元のジョブ・クラフティングはワーク・エンゲージメントと負の関係があるという動機づけ効果に関する仮説を設定したうえで、マルチレベル SEM による検証を行っている。このうち「挑戦的な仕事の要求度の向上」次元のジョブ・クラフティングと「妨害的な仕事の要求度の低減」次元のジョブ・クラフティングの仮説は想定どおり実証されたが、「対人関係における仕事の資源の向上」次元のジョブ・クラフティングに関する仮説は支持されなかった。
(3) このような「今日」を強調する方法はPetrou et al.（2012）に準じている。また尺度の作成に際してはY社の業務や仕事の進め方にあった文言になるように配慮し、Y社の従業員に事前に文言の確認を依頼するとともに、一部の項目の表現を修正して用いた。
(4) ジョブ・クラフティングとの間に正の関連は見出されなかったため心理的安全性は分析モデルから除外した。このような結果が得られた理由としてコンサルタント業界の特殊性が考えられる。職務自律性も心理的安全性も総じて高いこの職場ではジョブ・クラフティングをするにあたっては職場の心理的安全性は重要な要因ではなく上司との個別の関係性ややりとりがより直接的に影響を与えていると考察できる。この点については本調査で得られた結果からだけでは確定的なことは言えないため、追加的な検討が必要であろう。

終章

おわりに

1. 本書の概要

　本書を終えるにあたって、本書の概要を確認するとともに改めて本書の主張をまとめたい。そのうえで、本書の主張が持つ意義と考慮すべき点について考察を行いたい。

　本書の第Ⅰ部では、「組織が従業員の仕事のやりがいを引き出すには、どのように職務設計を行うとよいのか」という問いに対して、経営学とその隣接領域の研究知見を含めて検討を行った。その結果、自律的職務設計は従業員の責任感を喚起することを通じてやりがいを高めると想定されてきたが、働く人と働き方が多様化する現代の組織においては、不適合が生じることも増え、必ずしも想定した成果がもたらされなくなっている可能性を指摘した。加えてこの不適合を解消するために、従業員の自発的な自己調整行動であるジョブ・クラフティングを上手に活用する循環的な職務設計プロセスが有効であるという主張を行った。以下で各章の概要を簡潔にまとめよう（**表終-1**）。

　まず第1章では、序章で提示した問題意識についてある組織の事例をもとに検討した。自律的な職務設計が、必ずしもすべての従業員のやりがいを引き出すことに結びつかない実例として、X社のSEに対する調査の結果を提示した。そして、職務自律性がやりがいに十分に結びついていないことと、その動機づけ効果を補完するうえで自発的行動を引き出すことが有効であると考えられることについて調査結果をもとに主張した。

　第2章では、序章で提示した問題意識について、先行研究のレビューを通じて理論的検討を行った。まず経営学の先行研究をレビューすることを通じて、職務設計を通じて従業員の仕事のやりがいを引き出す際の論理としてどのようなものが想定されてきたのかを明らかにした。続いて、隣接領域の先行研究のレビューを通じて、そのような職務設計が意図せざる結果をもたら

表終 - 1	本書の主な主張のまとめ				
本書の検討課題	より具体的な検討課題	主な主張			
組織が従業員の仕事のやりがいを引き出すには、どのようなマネジメントが有効か。	従業員の仕事に対するやりがいを引き出すために、どのような職務設計を行うとよいのか	自律的な職務設計が従業員と仕事の間に不適合を生じさせることで、必ずしもやりがいに結びつかないことがある。	第Ⅰ部		第2章
		自己調整行動を含む循環的な職務設計プロセスを実践することがやりがいを引き出すうえで重要である。			
		従業員の自己調整行動を含む循環的な職務設計プロセスを実現することが重要である。			第3章
		循環的な職務設計を実現するためのキーワードの1つがジョブ・クラフティングである。			
		従業員のやりがいを高めるという観点から精緻化されたジョブ・クラフティング研究が資源ベースアプローチと呼ばれる一連のジョブ・クラフティング研究である。			第4章
	自発的行動であるジョブ・クラフティングを組織がどのように促すことができるのか	ジョブ・クラフティングのマネジメントモデルの提示。	第Ⅱ部		第5章
		人事施策とリーダーシップはそれぞれ独立して異なる影響を与える。			第6章
		多様な人事施策を同時に設計することで、回避型のジョブ・クラフティングを促すことができる。			
		リーダーシップは個人内変動にも影響を与える。			第7章
		もともと取り組みやすい人、取り組みづらい人関係なく接近型のジョブ・クラフティングを引き出すことができる。			

す論理を明らかにした。そのうえで、意図せざる結果を解消しうる職務設計プロセスとして、仕事の要求度－資源モデルに基づく循環的な職務設計モデルを取り上げて紹介した。

　第3章では、第2章で取り上げた Bakker, Demerouti, & Sanz-Vergel（2014）による仕事の要求度－資源モデルに基づく循環的な職務設計モデルを理解するために、関連理論とされる資源の保存理論とポジティブ感情の拡

張形成理論のレビューを行った。そして、モデルが想定する従業員像や従業員と職務の相互作用がもたらす影響について理論から本書が得られる示唆について整理を行った。

　第4章では、循環的な職務設計モデルのキー概念として位置づけられたジョブ・クラフティングについてレビューを行った。そして資源の要求度−資源理論に基づく資源ベースアプローチのジョブ・クラフティングの特徴と研究動向を整理するとともに、循環的な職務設計モデルを想定するうえで残された実証的課題の指摘を行った。具体的には、ジョブ・クラフティングを規定する要因の知見は、個人差要因や職務特性要因の影響を指摘するにとどまっており、マネジメント要因の影響が十分に検討されていないという課題を明らかにした。

　本書の第Ⅱ部では、「自発的行動であるジョブ・クラフティングを組織はどのようにマネジメントすればよいのか」という問いに対して、ジョブ・クラフティングのマネジメントモデルを提示し、質問票調査の結果を紹介した。

　第5章ではジョブ・クラフティングのマネジメントモデルを提示した。そのうえで、実際に実証していく具体的なマネジメント要因として以下の人事施策とリーダーシップを選択した。まず人事施策としては、2種類のやや異なる種類の人事施策を選択した。1つは訓練に関する人事施策であり、もう1つがケアに関わる人事施策である。このうちケアに関わる人事施策の影響は、既存研究で十分に検討されてこなかったが、本書ではジョブ・クラフティングをポジティブメンタルヘルスを実現するための従業員の自己調整行動としても位置づけていることから、ケアに関わる人事施策が与える影響についても検討することにした。

　次に、ジョブ・クラフティング研究で十分に取り上げられてこなかったリーダーシップとしてインクルーシブ・リーダーシップを取り上げた。インクルーシブ・リーダーシップは、個を尊重し従業員を支援するタイプのリーダーシップ・スタイルの1つである。組織成員の多様性が進展している現状を踏まえて、ジョブ・クラフティングの動機づけ効果に注目する本書と問題

意識を共にする概念として取り上げることにした。

　なお、ジョブ・クラフティングは従業員の自発的行動であるから、組織側の直接的支持や命令で促すことは難しい。そのため資源の保存理論における**資源の共同体仮説**に基づき、職場の環境づくりや従業員の状態に働きかけることを通じてジョブ・クラフティングを促すことができるという間接的なロジックを想定した。具体的にはマネジメント要因が心理的安全性の醸成やポジティブ感情を喚起することを通じてジョブ・クラフティングを促すという影響を想定した。

　第6章では、2種類の人事施策とインクルーシブ・リーダーシップが、職場の心理的安全性の醸成を介して従業員の接近型ジョブ・クラフティングを促すことが明らかになった。これらの調査結果は、職場の雰囲気を醸成することで従業員行動を促すことができることを示している。加えて2種類の人事施策のうちケアに関する人事施策が直接的に回避型ジョブ・クラフティングを促すこと、訓練に関する人事施策が直接的に接近型ジョブ・クラフティングを促すことが明らかになった。

　第7章では、インクルーシブ・リーダーシップとジョブ・クラフティングの関係について、特に個人内変動に注目して検討した。具体的には日誌法を用いて収集された縦断的データを用いて、上司のインクルーシブ・リーダーシップが部下のジョブ・クラフティングに与える影響について「between」レベル（すなわち「人」レベル）と「within」レベル（すなわち「日」レベル）とを分けて検討した。その結果、上司のその日のインクルーシブ・リーダーシップがポジティブ感情を喚起することを介して部下の接近型ジョブ・クラフティングの個人内変動に影響を与えることが明らかになった。「within」レベルの影響は大きいものとはいえないが、上司のその日のリーダーシップ行動に対する心がけによって部下の接近型ジョブ・クラフティングにある程度は影響を与えることができることを示している。一方で上司のその日のインクルーシブ・リーダーシップと回避型ジョブ・クラフティングとの間に正の関係は見られなかった。

　このように本書の第Ⅱ部では「組織はマネジメントを通じて従業員の自発

的な動機づけ自己調整行動であるジョブ・クラフティングを促すことができる」ということを部分的に実証する知見を得たといえる。

2. 本書の主張とその特徴

　本書の主張は、大きく分けて2つである。第1に、今日のように働く人や働き方の多様化がある程度進んだ社会において、組織で従業員に仕事のやりがいを感じてもらうためには、従業員の自発的な動機づけの自己調整行動であるジョブ・クラフティングを引き出すことが重要であるということである。第2に、組織はマネジメントを通じて従業員のジョブ・クラフティングを促すことができるということである。

　このうち、特に本書の第Ⅱ部では、マネジメントが重層的かつ間接的にジョブ・クラフティングに影響を与えるという2つの特徴を強調する実証的知見を提供してきた。そこで、本書の2つ目の主張について、さらに2つの特徴に注目しつつ、もう少し説明を加えたい。

　まず本書では、従業員のジョブ・クラフティングは「重層的」な要因によって促すことができると主張している。重層的とは、ジョブ・クラフティングが、さまざまな要因から影響を受けるという意味である。そして、それがやや質的に異なる要因、すなわち個人差要因、職務特性要因、マネジメント要因としての人事施策や管理者のリーダーシップによって、それぞれ影響を受けることを意味している。本書の質問票調査では、既存研究が繰り返し主張してきたように従業員個人が職場に持ち込む個人差の要因や、従業員が従事している仕事の特徴からも影響を受けるが、組織側の要因からも影響を受けることを明らかにした。ジョブ・クラフティングに影響を与える要因を重層的に検討することを通じて、ジョブ・クラフティングにもマネジメントする余地があることが明らかになったといえる。

本書のもう１つの特徴は、組織が「間接的」なマネジメントを通じて従業員のジョブ・クラフティングに影響を与えることを資源の保存理論とポジティブ感情の拡張形成理論に基づきつつ、実証的に明らかにしている点である。ジョブ・クラフティングは、従業員の自発的行動であるから、このような行動を組織が促すことができるのか、という点はジョブ・クラフティングのマネジメントを考えるうえで重要な論点であった。本書では、隣接領域であるストレス研究にルーツを持つ仕事の要求度－資源理論やその関連理論に依拠することで、組織側が従業員の仕事のやりがいに対して「間接的な影響力」を発揮することが可能であるという知見を提供するものである。

　本書では、間接的なマネジメントについて異なる２つの経路があることを明らかにした。１つは、人事部による訓練とケアに関わる２種類の人事施策の設計と管理者によるインクルーシブ・リーダーシップの発揮を通じた職場の環境づくりを介したマネジメントである。具体的には上司はインクルーシブ・リーダーシップを発揮することを通じて、心理的安全性という職場に対する認識を醸成するという環境づくりを介して、接近型ジョブ・クラフティングを促すことができることを明らかにした。

　もう１つの経路では、管理者が「日」レベルのインクルーシブ・リーダーシップ行動を通じて従業員のポジティブ感情を喚起し、部下が「日」レベルの接近型ジョブ・クラフティング行動を取りやすくする状態づくりを行うことができる、ということを明らかにした。

　これらは、いずれの経路においてもマネジメント要因が従業員にジョブ・クラフティグに取り組むように直接的に指示したり、命令したりするわけではない。しかし、ジョブ・クラフティングを起こしやすい環境やジョブ・クラフティングに結びつくような状態へと従業員を促すことで、間接的な形でジョブ・クラフティングを促しているといえるだろう。

　本書で主張する間接的なマネジメントは、間接的であるが故に指示・命令型の直接的なマネジメントと比べて影響力が弱いと感じられるかもしれない。実際に調査結果もそのような傾向を示しているとも言える。しかし本書では、そのような間接性こそがジョブ・クラフティングのような自己調整行

動を促すことを理解するうえで重要であると考えている。言い換えれば、マネジメントを行う側も序章で触れたネジ穴の「アソビ」を意識したマネジメントを心掛けなければならないということでもある。本書で繰り返し指摘したとおり、ジョブ・クラフティングの大前提は、仕事と従業員の不適合を従業員が必要に応じて解消することにある。従業員はマネジメント側から与えられた「アソビ」を生かして自分自身と職務との間のズレに気づき、解消する必要性を認識することができる。もし上司がアソビを残さないマネジメントを実践してしまうと、従業員は強いられていないにもかかわらず、上司や同僚のジョブ・クラフティング行動を形式的に模倣してしまい、必要のないジョブ・クラフティングや望まないジョブ・クラフティングが生じてしまう可能性もある。後でも触れるとおり、ジョブ・クラフティングのマネジメントに際しては、このような必要性のないジョブ・クラフティングや効果がないのに形式的に模倣するジョブ・クラフティングに陥らずに、従業員が自ら柔軟な発想をしたり、周囲とのやり取りの中で適切なジョブ・クラフティングへと転換したりしていくことができるような余地を残しておく必要がある。

3. 本書の主張の意義と限界

　本書の主張は、いくつかの点で理論的・実践的意義を有していると考えられる。以下では、それらの意義を述べていく。

3-1. 人材が多様化した組織における
マネジメントに対する意義

本書で重要性を主張してきたジョブ・クラフティングをマネジメントする

という視点は、職務設計を通じて従業員のモチベーションをいかに高めるのか、という経営管理論、および組織行動論の古典的な問い（Hackman & Oldham, 1976; 田尾，1987）に対する回答をアップデートするものと位置づけられよう。

　経営管理論では、従業員のパフォーマンスを引き出す手法の1つとして古くから職務設計に注目してきた。職務設計論は、およそ100年の蓄積があり Taylor（1911）の科学的管理法からはじまる統制的な職務設計から自律的で充実した職務の設計を重視するアプローチへ（Hackman & Oldham, 1975）と移行してきた。両者は仕事の与え方としては大きく異なるものの、職務設計の主体として組織のみを想定し、職務の割り当ては組織から従業員に向かって一方通行で行われるものと見なしてきた点は共通している。

　これに対して本書では、循環的な職務設計モデルに依拠して、ジョブ・クラフティングを通じてミスマッチを解消し、従業員のやりがいを引き出すというアプローチを提唱するものである。このような相互作用的な職務設計は、人材と働き方が多様化した現代の経営管理に対応するものとして欠かすことができないマネジメントの視点を提供するものと言えるだろう。

　次に本書の知見は、人的資源管理論におけるピープル・マネジメント論（Purcell & Hutchinson, 2007）に対しても一定の意義を持つだろう。本書はピープル・マネジメント論の枠組みに従って、ジョブ・クラフティングに対する2種類の人事施策と管理者のインクルーシブ・リーダーシップの影響を同時に検討し、それぞれが異なる影響を与えるという結果を得た。本書の分析では、人事施策とリーダーシップの間の相乗効果は見られず、あくまでも両者は独立して影響を与えるというものであった。また、人事施策がリーダーシップを介してジョブ・クラフティングを促すという仲介型のモデルも採択するには至らなかった。このような結果は、ジョブ・クラフティングのマネジメントの影響力を最大化するには、人事施策の設計とリーダーシップをそれぞれ活用することが有益であるということを示す基礎的な発見事実を提供している。萌芽期にある日本におけるピープル・マネジメント論の数少ない実証的知見を提供したといえるだろう。

最後に、本書ではエビデンスに基づくマネジメント（Rousseau, 2006）を実践するための新たなデータの蓄積方法に関する知見も提供している。インクルーシブ・リーダーシップが部下のジョブ・クラフティングに与える影響を検討するにあたって、個人間変動にとどまらず、個人内変動にも注目したことで、既存研究よりも精緻に検証結果を得ることができた。このような本書のアプローチは、個人を「変える」マネジメントのためのエビデンスを既存研究より精緻なレベルで蓄積し、知見を導出することを可能にする。科学技術の進歩とともに、企業はパルスサーベイや行動データの収集など、さまざまな従業員個人のデータを長期間にわたって収集し、蓄積できるようになってきた。データの個人内変動に注目して分析していくことは、技術の進歩に合わせて経営管理論および人的資源管理論を発展させていく1つの方向性として有望であろう。ただし、本書で実施した日誌法調査にも実施上の制約に基づくさまざまな課題が残っている[1]。そのため、今後はより発展的な分析を可能にするような精緻なリサーチデザインのもとで、日誌法を用いた調査を実施していくことが求められるだろう。

▌3-2．日本企業における実践に対する示唆

本書の実証パートで提供された知見は、いくつかの点で実践的示唆も提供する。本書では、働く人も働き方も多様化しつつある組織において、従業員全員が能力を発揮できるようにするためのマネジメントについて考察を行ってきた。

まず、従業員個人に対する実践的示唆がある。組織で働く組織成員が多様化し、組織で提供された仕事と自分自身の価値観や志向性との間の不適合に困惑する従業員が増えていると考えられる。組織で働く個人は、そのような状況で仕事のやりがいを見出すために、自らの裁量の余地を上手に活用しながら役割調整を行っていくことが有効である。そのような視点として本書ではジョブ・クラフティングという行動に注目し、具体的な3つのタイプの次元を提示した。本書ではこのような行動の効果については、レビューパート

で簡単に示したに過ぎないが、その有効性はこれまで多くのジョブ・クラフティング研究で明らかにされており、参考になるだろう。

　次に、管理者に対する実践的示唆がある。本書では、管理者のインクルーシブ・リーダーシップが従業員の接近型ジョブ・クラフティグを促すことを明らかにした。このような知見は、部下のジョブ・クラフティングを引き出したいと考えている管理者に対して取るべき行動の実践的示唆を提供する。例えば、昨今の管理職は部下との対話の機会を設けるよう求められることが多いようである。このような場合に、ただ単に言われたとおりに対話の場を設定するだけでなく、インクルーシブ・リーダーシップの下位次元となる開放性、近接性、利用可能性の３次元を意識して対話を行うことで、部下の自己調整行動を引き出すことができるようになるだろう。

　さらに人事部に対しても実践的示唆を提供する。まず、先に挙げたインクルーシブ・リーダーシップがジョブ・クラフティングに間接的な影響を及ぼすという知見は、リーダーシップを育成しようとする部門の担当者に対する示唆を提供する。人事部の人材育成方針としてインクルーシブな人材を重視することや、リーダーシップ研修の中でインクルーシブ・リーダーシップを育成するためのセッションやトレーニングを取り入れることで間接的ながらジョブ・クラフティングを促す組織づくりが可能になると考えられる。

　また本書では、２種類の人事施策がジョブ・クラフティングを間接的に促すことが明らかにされた。この知見は、組織内でジョブ・クラフティングを促進したいと考えている経営陣や人事部、産業保健の視点からジョブ・クラフティングを促進したいと考えている専門職に対して実践的な示唆を与える。組織が従業員の能力開発や健康や安全を維持することを重視する方針を立て、制度化することは、従業員のジョブ・クラフティングを間接的に高める。経営陣やスタッフ部門の専門職は、職場で従業員とともに仕事生活を過ごしているわけではない。そのため、職場の一人ひとりの従業員の行動に直接的に影響を与えることは難しいものの、人事施策を設計することを介して促すことはできるということである。特に本書の第６章では、ケアに関わる人事施策が回避型のジョブ・クラフティングを促すことも明らかにされた。

回避型ジョブ・クラフティングも必要に応じて活用できる組織づくりを進めることができれば、シニア労働者の活躍やメンタルヘルス不調の予防に有効であると考えられる。後述するように回避型ジョブ・クラフティングの活用には注意も必要であるが、ケアに関わる人事施策の充実を足がかりに回避型ジョブ・クラフティングを上手に促す環境づくりを考えるスタート地点となりうるだろう。

▌3-3. 日本企業における実践において考慮すべきポイント

　ここまでジョブ・クラフティングのマネジメントモデルとその実証結果がもたらす意義について述べてきた。しかし、ジョブ・クラフティングとそのマネジメントも決して万能薬ではない。ジョブ・クラフティングのマネジメントモデルもまた、使い方によっては組織や従業員との間に不適合を生じさせ、意図せざる結果をもたらす可能性がある。本書ではこのような起こりうる負の側面について十分に扱うことができなかったものの、2つの可能性について検討したい。

　注意すべき第1の点は、先に触れた「アソビ」を残したマネジメントの重要性である。本書で繰り返し指摘したとおり、ジョブ・クラフティングの大前提は従業員が自発的に行うことにある。必要性のないジョブ・クラフティングまで一律的に促さないように注意することが必要である。そうでない限り、従業員は強いられていないにもかかわらず、上司や同僚のジョブ・クラフティングを形式的に模倣したり、必要のないジョブ・クラフティングや望まないジョブ・クラフティングを行ったりしてしまう可能性がある。ジョブ・クラフティングのマネジメントに際しては、このような必要性のないジョブ・クラフティングや効果がないのに、形式的に模倣するジョブ・クラフティングに陥らないように注意する必要がある。

　注意すべき第2の点は、多様性を高め、相互が異質であることを認め、促進していくことの重要性である。既存のジョブ・クラフティング研究では、あまり強調されることが少なかったが、特定の職場内で多くの従業員にジョ

ブ・クラフティングを行うことを促すジョブ・クラフティングのマネジメントモデルは、自律性とともにある程度多様であることが強調される組織や職場を前提に成立していると考えられる。その理由は、欧米の個を尊重する文化背景があるのかもしれない。一方、多様性のない（少ない）職場で従業員がジョブ・クラフティングを促進すると、魅力的な業務の奪い合いや類似のジョブ・クラフティング競争に陥ってしまうことが懸念される。また、日本企業でジョブ・クラフティングを促そうとする場合、他者と異なって存在することが許容されることが強調されない限り、ただの強いられた自発性に陥る危険性も伴う（熊沢，1989）。ジョブ・クラフティングを促すマネジメントにおいては、組織目標に向かって貢献するのであれば、異なる貢献方法を探る従業員の姿勢を奨励し、引き出していくことが重要である。

　特に接近型ジョブ・クラフティングは、他者にとってはあまり興味を持たれないけれど、自分にとって興味深い業務を創造して取り組んだり、それを遂行するための対人関係を形成していくことに肝がある。従業員が伸びやかにジョブ・クラフティングを行うためには、従業員の間で上手なすみ分けが起こる必要があり、そのための多様性の確保もまた必要である。本書で主張したとおり、多くの組織で不適合が生じている背景には多様性の増大があると考えられるため、今後の組織運営において多様性の「低さ」を懸念する必要はないのかもしれないが、そのような背景を無視したジョブ・クラフティングモデルの導入もまた不適合の温床となる可能性がある。

　最後に、「暴走」するジョブ・クラフターに対処するためのマネジメントも求められるだろう。本書では、マネジメントの効果をジョブ・クラフティングがどの程度もたらされたのかという「頻度」の観点からのみ評価しており、クラフティングがどのような形で実践されているのかについて考慮していない。例えば、回避型ジョブ・クラフティングは、業務負担が自身の許容能力を超えてしまっている際にウェルビーイングを保つうえで有効な手段と考えられる。ただし、回避型ジョブ・クラフティングをやみくもに活用していると周囲の同僚の負担が上昇したり、そのことが原因で周囲との関係性が悪化したりするケースも考えられる。結果として従業員自身のウェルビーイ

ングを中長期的に向上させることに結びつかないケースも考えられる。また、接近型ジョブ・クラフティングに過剰に取り組むことも過剰な残業の遠因となったり、周囲との協働を阻害する結果に陥ったりする可能性があることが指摘されている（Harju et al., 2021）。これらを踏まえて、ジョブ・クラフティングが中長期的に効果的に取り組めるようにするための「方向づけ」についても、周囲が適切に支援していく必要がある（森永, 2023）。本書の枠内でいえば、インクルーシブ・リーダーシップそのものや、インクルーシブ・リーダーシップが醸成する心理的安全性にその機能を期待することができると考えているものの、十分に実証できているわけではない。

　これらの残された課題については、今後の研究の発展によって追加的な知見が提供されることを期待したい。

(1) 顕著な課題として、例えば調査日数が5日にとどまっており、曜日の影響が検討できていないこと、タイムラグの影響を検討する分析においてサンプル数がかなり限定的になってしまっていることなどが挙げられる。また測定尺度や項目数についても改善の余地がある。

あとがき

　本書は、筆者が大学院の博士後期課程在籍時から続けてきた一連のジョブ・クラフティング研究の成果をまとめたものである。学位を取得した当初は博士論文をもとにした著書の出版を考えていたものの、その後のジョブ・クラフティング研究の進展や、研究関心の変化もあり、すべての章をほぼ新たに書き下ろすことになった。研究成果を取りまとめるまでに信じられないほどの時間を要してしまったが、それだけの期間を通じて醸成されてきた自分なりの問題意識を盛り込んだ書籍になったのではないかと考えている。

　本書を取りまとめるにあたって目指したのは、大きく言えば2つである。第1に、単なる組織行動論のジョブ・クラフティング研究ではなく、経営学のさまざまな学問領域や隣接する研究領域の中にジョブ・クラフティング研究がもたらしうる貢献を見出すこと。第2に、経営学らしいマネジリアルな視点から、小さいながらも確かな知見を提供すること、である。筆者の能力の限界もあり、このような試みがうまくいったかどうかは分からないが、本書をお読みいただいた皆様から、ご批判も含めてさまざまなご意見を頂戴できれば甚大である。

　本書は、直接的には筆者の単著として取りまとめられているものの、さまざまな先生方との議論を通して得られた知見に基づいている。神戸大学経営学研究科の博士課程在籍時にご指導いただいた金井壽宏先生、平野光俊先生、髙橋潔先生、鈴木竜太先生には、研究の方向性がなかなか定まらない筆者を、温かい心で導いていただいたことに深く感謝している。

　学会や研究会でジョブ・クラフティングについて議論をさせていただいた先生方にも感謝したい。特に、髙尾義明先生、石山恒貴先生とは2019年に日本労務学会の関東部会でご一緒させていただいて以来、編著の出版もご一緒させていただくなど、さまざまな場面で有益な示唆をいただいてきた。

　ジョブ・クラフティング研究がもたらす意義が、経営学だけにとどまらないことに気づかせていただいたという意味では、日本生産性本部の健康いき

いき職場づくりフォーラムにおけるさまざまな活動から学ばせていただいた。川上憲人先生、島津明人先生からは、産業保健領域の問題意識やジョブ・クラフティングが果たしうる貢献についてフォーラムにおける議論の中で学ばせていただくことが多かった。産業保健と経営学の学問的交流は、必ずしも活発ではなかったと思われる。ジョブ・クラフティングという概念が両学問を架橋する際のキーワードの1つになれば、望外の喜びである。また、フォーラムのメンバーでもある江口尚先生、池田浩先生とは研究プロジェクトや共同研究でご一緒させていただいた。先生方のマネジメント力の高さと生産性の高さにはいつも驚かされており、自分の不甲斐なさに落ち込むことも多い。しかし、各領域のトップレベルの研究者とご一緒させていただけることが何よりうれしく、研究を続ける大きな原動力となってきた。改めて感謝したい。

さまざまな研究プロジェクトでご一緒させていただいた先生方、神戸大学大学院経営学研究科の先輩、同期、後輩にも感謝したい。東京に移り住み長くなったが、神戸の地で学び得た知的伝統が筆者の研究生活におけるバックボーンであると自信をもっていえる。

本書を執筆・出版する機会を与えて下さった方々にも感謝申し上げたい。特に前職の武蔵大学経済学部の先生方には、伝統ある学風の中で、このうえない研究環境を与えていただいた。ちょうど本書をとりまとめる最終段階において、オーストラリアに滞在し研究に専念する機会をいただいたことにも感謝したい。もともと2020年に1年間滞在する予定であったが、新型コロナウイルス感染症の大流行の影響で中止せざるを得なかった。今回、短いながらも滞在する機会を追加的にいただけたことで、本書後半の実証部分を季節が真逆の温暖な気候の中で書き上げることができた。

また、匿名性の制約のためお名前を挙げることができないが、これまで筆者のジョブ・クラフティングに関する調査にご協力いただいた企業の皆様に感謝したい。本書に直接的に所収されているX社とY社での調査では実施に向けて担当の皆様から心強い後押しをいただいた。また、本書には直接的な記述はないものの、多くの企業でヒアリングにご協力いただいた。

千倉書房の岩澤孝氏には出版事情の厳しい中、出版の機会をいただき感謝している。適格で温かいご支援と励ましをいただいたことで、長年の研究を形にすることができた。改めて感謝したい。

　最後に、妻麻衣、長男理仁と長女葉月にも感謝したい。前著を出版した際の、次の著作では謝辞に名前を挙げるという約束をやっと果たせてほっとしている。

2023年10月1日

　　　　　　　　　　　　　　　　小石川の自宅で　　森永 雄太

参考文献

Ashford, S. J., & Tsui, A. S. (1991). Self-regulation for managerial effectiveness: The role of active feedback seeking. *Academy of Management Journal, 34*(2), 251-280.

Bandura, A. (1977). Self-efficacy: toward a unifying theory of behavioral change. *Psychological Review, 84*(2), 191-215.

Bakker, A. B., & Oerlemans, W. G. (2019). Daily job crafting and momentary work engagement: A self-determination and self-regulation perspective. *Journal of Vocational Behavior, 112,* 417-430.

Bakker, A. B., & Demerouti, E. (2017). Job demands-resources theory: Taking stock and looking forward. *Journal of Occupational Health Psychology, 22*(3), 273-285.

Bakker, A. B., Demerouti, E., & Sanz-Vergel, A. I. (2014). Burnout and work engagement: the JD-R approach. *Annual Review of Organizational Psychology and Organizational Behavior, 1,* 389-411.

Bakker, A. B., & de Vries, J. D. (2021). Job Demands-Resources theory and self-regulation: New explanations and remedies for job burnout. *Anxiety, Stress, & Coping, 34*(1), 1-21.

Bakker, A. B., Tims, M., & Derks, D. (2012). Proactive personality and job performance: The role of job crafting and work engagement. *Human Relations, 65*(10), 1359-1378.

Bandura, A. (1977). Self-efficacy: toward a unifying theory of behavioral change. *Psychological Review, 84*(2), 191-215.

Berdicchia, D., & Masino, G. (2017). Exploring the antecedents of job crafting: A conditional process analysis. *International Journal of Business and Management, 12*(12), 1-14.

Berg, J. M., Wrzesniewski, A., & Dutton, J. E. (2010). Perceiving and responding to challenges in job crafting at different ranks: When proactivity requires adaptivity. *Journal of Organizational Behavior, 31*(2-3), 158-186.

Berg, J. M., Dutton, J. E., & Wrzesniewski, A. (2013). Job crafting and meaningful work.

In B. J. Dick, Z. S. Byrne, & M. F. Steger (eds.), *Purpose and Meaning in the Workplace*, 81-104.

Bindl, U. K., & Parker, S. K. (2011). Proactive work behavior: Forward-thinking and change-oriented action in organizations. In *APA handbook of industrial and Organizational Psychology, Vol 2: Selecting and developing members for the organization.* (pp. 567-598). American Psychological Association.

Bindl, U. K., Parker, S. K., Totterdell, P., & Hagger-Johnson, G. (2012). Fuel of the self-starter: how mood relates to proactive goal regulation. *Journal of Applied Psychology, 97*(1), 134-150.

Bowen, D. E., & Ostroff, C. (2004). Understanding HRM-firm performance linkages: The role of the "strength" of the HRM system. *Academy of Management Review, 29*(2), 203-221.

Brett, J. F., & VandeWalle, D. (1999). Goal orientation and goal content as predictors of performance in a training program. *Journal of Applied Psychology, 84*(6), 863-873.

Brief, A. P., & Hollenbeck, J. R. (1985). An exploratory study of self-regulating activities and their effects on job performance. *Journal of Organizational Behavior, 6*(3), 197-208.

Brousseau, K. R. (1983). Toward a dynamic model of job-person relationships: Findings, research questions, and implications for work system design. *Academy of Management Review, 8*(1), 33-45.

Bruning, P. F., & Campion, M. A. (2018). A Role-resource approach-avoidance model of job crafting: A multimethod integration and extension of job crafting theory. *Academy of Management Journal, 61*(2), 499-522.

Burke, M. J., Brief, A. P., George, J. M., Roberson, L., & Webster, J. (1989). Measuring affect at work: Confirmatory analyses of competing mood structures with conceptual linkage to cortical regulatory systems. *Journal of Personality and Social Psychology, 57*(6), 1091-1102.

Caplan, R. D. (1987). Person-environment fit theory and organizations: Commensurate dimensions, time perspectives, and mechanisms. *Journal of Vocational Behavior, 31*(3), 248-267.

Carmeli, A., Reiter-Palmon, R., & Ziv, E. (2010). Inclusive leadership and employee involvement in creative tasks in the workplace: The mediating role of psychological safety. *Creativity Research Journal, 22*(3), 250-260.

Choi, S. B., Tran, T. B. H., & Park, B. I. (2015). Inclusive leadership and work engagement: Mediating roles of affective organizational commitment and creativity. *Social Behavior and Personality, 43*(6), 931-943.

Chuang, C. H., & Liao, H. U. I. (2010). Strategic human resource management in service context: Taking care of business by taking care of employees and customers. *Personnel psychology, 63*(1), 153-196.

Clegg, C., & Spencer, C. (2007). A circular and dynamic model of the process of job design. *Journal of Occupational and Organizational Psychology, 80*(2), 321-339.

Dalal, R. S., Alaybek, B., & Lievens, F. (2020). Within-person job performance variability over short timeframes: Theory, empirical research, and practice. *Annual Review of Organizational Psychology and Organizational Behavior, 7*, 421-449.

De Jonge, J., & Schaufeli, W. B. (1998). Job characteristics and employee well-being: a test of Warr's Vitamin Model in health care workers using structural equation modelling. *Journal of Organizational Behavior, 19*(4), 387-407.

Demerouti, E., Bakker, A. B., & Halbesleben, J. R. (2015). Productive and counterproductive job crafting: A daily diary study. *Journal of occupational health psychology, 20*(4), 457-469.

Demerouti, E., Bakker, A. B., Nachreiner, F., & Schaufeli, W. B. (2001). The job demands-resources model of burnout. *Journal of Applied psychology, 86*(3), 499-512.

Diener, E., Thapa, S., & Tay, L. (2020). Positive emotions at work. *Annual Review of Organizational Psychology and Organizational Behavior, 7*, 451-477.

Dubinsky, A. J., & Skinner, S. J. (1984). Impact of job characteristics on retail salespeople's reactions to their jobs. *Journal of Retailing, 60*(2), 35-62.

Dweck, C. S. (1975). The role of expectations and attributions in the alleviation of learned helplessness. *Journal of Personality and Social Psychology, 31*(4), 674-685.

Dweck, C. S (2000). *Self theories*. London.

Edmondson, A. (1999). Psychological safety and learning behavior in work teams. *Administrative Science Quarterly, 44*(2), 350-383.

Eguchi, H., Shimazu, A., Bakker, A. B., Tims, M., Kamiyama, K., Hara, Y., & Kawakami, N. (2016). Validation of the Japanese version of the job crafting scale. *Journal of Occupational Health, 58*(3), 231-240.

Fornell, C., & Larcker, D. F. (1981). Structural equation models with unobservable variables and measurement error: Algebra and statistics. *Journal of Marketing Research, 18*(3), 382-388.

Fornell, C. & Cha, J. (1994), Partial least squares. R.P. Bagozzi, (ed.), Advanced Methods in *Marketing Research*, 52-78, Cambridge, Blackwell.

Frayne, C. A., & Geringer, J. M. (2000). Self-management training for improving job performance: A field experiment involving salespeople. *Journal of Applied Psychology, 85*(3), 361-372.

Frayne, C. A., & Latham, G. P. (1987). Application of social learning theory to employee self-management of attendance. *Journal of Applied Psychology, 72*(3), 387-392.

Frazier, M. L., Fainshmidt, S., Klinger, R. L., Pezeshkan, A., & Vracheva, V. (2017). Psychological safety: A meta‐analytic review and extension. *Personnel Psychology, 70*(1), 113-165.

Fredrickson, B. L. (2001). The role of positive emotions in positive psychology: The broaden-and-build theory of positive emotions. *American Psychologist, 56*(3), 218-226.

Fredrickson, B. L. (2004). The broaden-and-build theory of positive emotions. *Philosophical Transactions of the Royal Society. Series B: Biological Sciences, 359*(1449), 1367-1377.

Fredrickson, B. L., & Cohn, M. A. (2008). Positive emotions. In M. Lewis, J. Haviland-Jones & L. F. Barrett (eds.), Handbook of emotions (pp.777-796). (3rd ed.). New York: Guilford Press.

Fredrickson, B. L., Mancuso, R. A., Branigan, C., & Tugade, M. M. (2000). The undoing effect of positive emotions. *Motivation and Emotion, 24*, 237-258.

Frederick, D. E., & VanderWeele, T. J. (2020). Longitudinal meta-analysis of job crafting shows positive association with work engagement. *Cogent Psychology, 7*(1), 1746733.

Fritz, C., & Sonnentag, S. (2009). Antecedents of day-level proactive behavior: A look at job stressors and positive affect during the workday. *Journal of Management, 35*(1),

94-111.

Gagné, M., Senecal, C. B., & Koestner, R. (1997). Proximal job characteristics, feelings of empowerment, and intrinsic motivation: A multidimensional model 1. *Journal of Applied Social Psychology, 27*(14), 1222-1240.

George, J. M., & Brief, A. P. (1992). Feeling good-doing good: A conceptual analysis of the mood at work-organizational spontaneity relationship. *Psychological Bulletin, 112*(2), 310-329.

Gilbert, C., De Winne, S., & Sels, L. (2011). The influence of line managers and HR department on employees' affective commitment. *The International Journal of Human Resource Management, 22*(8), 1618-1637.

Griep, Y., Vanbelle, E., Van den Broeck, A., & De Witte, H. (2022). Active emotions and personal growth initiative fuel employees' daily job crafting: A multilevel study. *Business Research Quarterly, 25*(1), 62-81.

Grote, G., & Guest, D. (2017). The case for reinvigorating quality of working life research. *Human Relations, 70*(2), 149-167.

Guest, D. E. (2017). Human resource management and employee well‐being: Towards a new analytic framework. *Human Resource Management Journal, 27*(1), 22-38.

Hackman, J. R., & Oldham, G. R. (1975). Development of the job diagnostic survey. *Journal of Applied psychology, 60*(2), 159-170.

Hackman, J. R., & Oldham, G. R. (1976). Motivation through the design of work: Test of a theory. *Organizational Behavior and Human Performance, 16*(2), 250-279.

Hackman, R. J., & Oldham, G. R. (1980). *Work redesign.* San Francisco, Addison-Wesley.

Hakanen, J. J., Perhoniemi, R., & Toppinen-Tanner, S. (2008). Positive gain spirals at work: From job resources to work engagement, personal initiative and work-unit innovativeness. *Journal of Vocational Behavior, 73*(1), 78-91.

Hakanen, J. J., & Roodt, G. (2010). Using the job demands-resources model to predict engagement: Analysing a conceptual model. in Bakker, A. B. & M.P. Leiter (eds.) *Work engagement: A handbook of essential theory and research 2,* 85-101.（島津明人総監訳・井上彰臣・大塚泰正・島津明人・種市康太郎監訳『ワーク・エンゲイジメント：基本理論と研究のためのハンドブック』星和書店，2014年，173-206）

Halbesleben, J. R. (2010). A meta-analysis of work engagement: Relationships with burnout, demands, resources, and consequences. in Bakker, A. B. & M. P. Leiter (eds.) *Work engagement: A handbook of essential theory and research*, 102-117. (島津明人総監訳・井上彰臣・大塚泰正・島津明人・種市康太郎監訳『ワーク・エンゲイジメント：基本理論と研究のためのハンドブック』星和書店，2014年，207-234)

Halbesleben, J. R., Neveu, J. P., Paustian-Underdahl, S. C., & Westman, M. (2014). Getting to the "COR" understanding the role of resources in conservation of resources theory. *Journal of Management, 40*(5), 1334-1364.

Harju, L. K., Hakanen, J. J., & Schaufeli, W. B. (2016). Can job crafting reduce job boredom and increase work engagement? A three-year cross-lagged panel study. *Journal of Vocational Behavior, 95*, 11-20

Harju, L, K., Kaltiainen, J., & Hakanen, J. J. (2021). The double-edged sword of job crafting: The effects of job crafting on changes in job demands and employee well-being. *Human Resource Management, 60*(6), 953-968.

Heath, C., & Sitkin, S. B. (2001). Big-B versus Big-O: What is organizational about organizational behavior?. *Journal of Organizational Behavior, 22*(1), 43-58.

Herzberg, F., B. Mausner, & B. B. Snyderman (1959). *The Motivation to Work*. New York: John Wiley.

Hertzberg, F. (2003). One more time: how do you motivate employees? In H. B. S. Press (ed.), *Harvard Business Review* on motivating people, *81*, 87-96.

Hetland, J., Hetland, H., Bakker, A. B., & Demerouti, E. (2018). Daily transformational leadership and employee job crafting: The role of promotion focus. *European Management Journal, 36*(6), 746-756.

Higgins, E. T. (1998). Promotion and prevention: Regulatory focus as a motivational principle. In *Advances in Experimental Social Psychology*, 30, 1-46.

Hirak, R., Peng, A. C., Carmeli, A., & Schaubroeck, J. M. (2012). Linking leader inclusiveness to work unit performance: The importance of psychological safety and learning from failures. *The Leadership Quarterly, 23*(1), 107-117.

Hobfoll, S. E. (2002). Social and psychological resources and adaptation. *Review of General Psychology, 6*(4), 307-324.

Hobfoll, S. E., Halbesleben, J., Neveu, J. P., & Westman, M. (2018). Conservation of resources in the organizational context: The reality of resources and their consequences.

Annual Review of Organizational Psychology and Organizational Behavior, 5, 103-128.

Hobfoll, S. E., Halbesleben, J., Neveu, J. P., & Westman, M. (2018). Conservation of resources in the organizational context: The reality of resources and their consequences. *Annual Review of Organizational Psychology and Organizational Behavior, 5*, 103-128.

Hollander, E. (2012). *Inclusive leadership: The essential leader-follower relationship.* Routledge.

Humphrey, S. E., Nahrgang, J. D., & Morgeson, F. P. (2007). Integrating motivational, social, and contextual work design features: A meta-analytic summary and theoretical extension of the work design literature. *Journal of Applied Psychology, 92*(5), 1332-1356.

Javed, B., Naqvi, S. M. M. R., Khan, A. K., Arjoon, S., & Tayyeb, H. H. (2019). Impact of inclusive leadership on innovative work behavior: The role of psychological safety. *Journal of Management & Organization, 25*(1), 117-136.

Jiang, F., Lu, S., Wang, H., Zhu, X., & Lin, W. (2021). The roles of leader empowering behaviour and employee proactivity in daily job crafting: A compensatory model. *European Journal of Work and Organizational Psychology, 30*(1), 58-69.

Kanfer, F. H., & Hagerman, S. (1987). A model of self-regulation. In *Motivation, Intention, and Volition* (pp.293-307). Springer Berlin Heidelberg.

Katz, R. (1978). Job longevity as a situational factor in job satisfaction. *Administrative Science Quarterly, 23*(2), 204-223.

Kim, M., & Beehr, T. A. (2020). Job crafting mediates how empowering leadership and employees' core self-evaluations predict favourable and unfavourable outcomes. *European Journal of Work and Organizational Psychology, 29*(1), 126-139.

Kuvaas, B., & Dysvik, A. (2010). Does best practice HRM only work for intrinsically motivated employees?. *The International Journal of Human Resource Management, 21*(13), 2339-2357.

Latham, G. P., & Budworth, M. H. (2006). The effect of training in verbal self-guidance on the self-efficacy and performance of Native North Americans in the selection interview. *Journal of Vocational Behavior, 68*(3), 516-523.

Latham, G. P., & Frayne, C. A. (1989). Self-management training for increasing job attendance: A follow-up and a replication. *Journal of Applied Psychology, 74*(3), 411-

416.

LePine, J. A., Podsakoff, N. P., & LePine, M. A. (2005). A meta-analytic test of the challenge stressor-hindrance stressor framework: An explanation for inconsistent relationships among stressors and performance. *Academy of Management Journal*, *48*(5), 764-775.

Leroy, H., Segers, J., Van Dierendonck, D., & Den Hartog, D. (2018). Managing people in organizations: Integrating the study of HRM and leadership. *Human Resource Management Review*, *28*(3), 249-257.

Li, Y., Li, X., & Liu, Y. (2021). How Does high-performance work system prompt job crafting through autonomous motivation: the moderating role of initiative climate. *International Journal of Environmental Research and Public Health*, *18*(2), 384-399.

Lichtenthaler, P. W., & Fischbach, A. (2019). A meta-analysis on promotion-and prevention-focused job crafting. *European Journal of Work and Organizational Psychology*, *28*(1), 30-50.

Lu, C. Q., Wang, H. J., Lu, J. J., Du, D. Y., & Bakker, A. B. (2014). Does work engagement increase person-job fit? The role of job crafting and job insecurity. *Journal of Vocational Behavior*, *84*(2), 142-152.

Lyons, P. (2008). The crafting of jobs and individual differences. *Journal of Business and Psychology*, *23*, 25-36.

Matsuo, M. (2019). Effect of learning goal orientation on work engagement through job crafting: A moderated mediation approach. *Personnel Review*, *48*(1), 220-233.

Mayo, E. (1933). *The Human problems of an industrial civilization*. Macmillan. (村本栄一訳『産業文明における人間問題』日本能率協会，1951年)

McCormick, B. W., Reeves, C. J., Downes, P. E., Li, N., & Ilies, R. (2020). Scientific contributions of within-person research in management: Making the juice worth the squeeze. *Journal of Management*, *46*(2), 321-350.

McGregor, D. (1960). *The human side of enterprise*. McGraw-Hill. (高橋達男訳『新版 企業の人間的側面』産業能率短期大学出版部，1970年)

Meijerink, J., Bos-Nehles, A., & de Leede, J. (2020). How employees' pro-activity translates high-commitment HRM systems into work engagement: The mediating role of job crafting. *The International Journal of Human Resource Management*, *31*(22), 2893-

2918.

Meyerding, S. (2014). Job characteristics and employee well-being: a test of Warr's vitamin model in German horticulture. In *XXIX International Horticultural Congress on Horticulture: Sustaining Lives, Livelihoods and Landscapes (IHC2014): XVII 1103* (pp. 211-218).

Millman, Z., & Latham, G. (2012). Increasing reemployment through training in verbal self-guidance. In *Work Motivation in the Context of a Globalizing Economy* (pp. 94-104). Psychology Press.

Mitchell, T. R. (1997). Matching motivational strategies with organizational contexts. *Research in Organizational Behavior, 19*, 57-149.

Morgeson, F. P., & Humphrey, S. E. (2006). The Work Design Questionnaire (WDQ): developing and validating a comprehensive measure for assessing job design and the nature of work. *Journal of Applied Psychology, 91*(6), 1321-1339.

Morinaga, Y., Sato, Y., Hayashi, S., & Shimanuki, T. (2022). Inclusive leadership and knowledge sharing in Japanese workplaces: the role of diversity in the biological sex of workplace personnel. *Personnel Review*, (ahead-of-print).

Naeem, R. M., Channa, K. A., Hameed, Z., Ali Arain, G., & Islam, Z. U. (2021). The future of your job represents your future: a moderated mediation model of transformational leadership and job crafting. *Personnel Review, 50*(1), 207-224.

Nembhard, I. M., & Edmondson, A. C. (2006). Making it safe: The effects of leader inclusiveness and professional status on psychological safety and improvement efforts in health care teams. *Journal of Organizational Behavior, 27*(7), 941-966.

Oldham, G. R. (1976). The motivational strategies used by supervisors: Relationships to effectiveness indicators. *Organizational Behavior and Human Performance, 15*(1), 66-86.

Oldham, G. R. (1996). Job design. *International Review of Industrial and Organizational Psychology, 11*, 33-60.

Oldham, G. R., & Fried, Y. (2016). Job design research and theory: Past, present and future. *Organizational Behavior and Human Decision Processes, 136*, 20-35.

Oppenheimer, D. M., Meyvis, T., & Davidenko, N. (2009). Instructional manipulation checks: Detecting satisficing to increase statistical power. *Journal of Experimental So-*

cial Psychology, 45(4), 867-872.

Oprea, B. T., Barzin, L., Vîrgă, D., Iliescu, D., & Rusu, A. (2019). Effectiveness of job crafting interventions: A meta-analysis and utility analysis. *European Journal of Work and Organizational Psychology, 28*(6), 723-741.

O'Reilly, C. A. (1977). Personality-job fit: Implications for individual atti-tudes and performance. *Organizational Behavior and Human Performance, 18*(1), 36-46.

Organ, D. W., Podsakoff, P. M., & MacKenzie, S. B. (2006). *Organizational citizenship behavior: Its nature, antecedents, and consequences.* Sage Publications. (上田泰訳『組織市民行動』白桃書房, 2007年)

Parker, S., & Wu, C. (2014). Leading for Proactivity: How Leaders Cultivate Staff Who Make Things Happen. In *The Oxford Handbook of LEADERSHIP and ORGANIZATIONS* (pp. 383-406). Oxford University Press.

Pfeffer, J. (1998). *The human equation: Building profits by putting people first.* Harvard Business Press. (守島基博監修・佐藤洋一訳『人材を活かす企業』翔泳社, 2010年)

Petrou, P., Demerouti, E., Peeters, M. C., Schaufeli, W. B., & Hetland, J. (2012). Crafting a job on a daily basis: Contextual correlates and the link to work engagement. *Journal of Organizational Behavior, 33*(8), 1120-1141.

Plomp, J., Tims, M., Khapova, S. N., Jansen, P. G., & Bakker, A. B. (2019). Psychological safety, job crafting, and employability: A comparison between permanent and temporary workers. *Frontiers in Psychology, 10*, 974.

Podsakoff, P. M., & Organ, D. W. (1986). Self-reports in organizational research: Problems and prospects. *Journal of Management, 12*(4), 531-544.

Purcell, J., & Hutchinson, S. (2007). Front-line managers as agents in the HRM-performance causal chain: theory, analysis and evidence. *Human Resource management journal, 17*(1), 3-20.

Randel, A. E., Dean, M. A., Ehrhart, K. H., Chung, B., & Shore, L. (2016). Leader inclusiveness, psychological diversity climate, and helping behaviors. *Journal of Managerial Psychology, 31*(1), 216-234.

Randel, A. E., Galvin, B. M., Shore, L. M., Ehrhart, K. H., Chung, B. G., Dean, M. A., & Kedharnath, U. (2018). Inclusive leadership: Realizing positive outcomes through belongingness and being valued for uniqueness. *Human Resource Management Review,*

$28(2)$, 190-203.

Rousseau, D. M. (2006). Is there such a thing as "evidence-based management"?. *Academy of Management Review, 31*(2), 256-269.

Rudolph, C. W., Katz, I. M., Lavigne, K. N., & Zacher, H. (2017). Job crafting: A meta-analysis of relationships with individual differences, job characteristics, and work outcomes. *Journal of Vocational Behavior, 102*, 112-138.

Russell, J. A. (1980). A circumplex model of affect. *Journal of Personality and Social Psychology, 39*(6), 1161-1178.

Salanova, M., Schaufeli, W. B., Xanthopoulou, D., & Bakker, A. B. (2010). The gain spiral of resources and work engagement: Sustaining a positive work life. in Bakker, A. B. & M. P. Leiter (eds.) *Work engagement: A handbook of essential theory and research,* 118-131.（島津明人総監訳・井上彰臣・大塚泰正・島津明人・種市康太郎監訳『ワーク・エンゲイジメント：基本理論と研究のためのハンドブック』星和書店，2014年，235-264）

Sakuraya, A., Shimazu, A., Eguchi, H., Kamiyama, K., Hara, Y., Namba, K., & Kawakami, N. (2017). Job crafting, work engagement, and psychological distress among Japanese employees: A cross-sectional study. *Bio Psycho Social medicine, 11*(1), 1-7.

Sakuraya, A., Shimazu, A., Imamura, K., Namba, K., & Kawakami, N. (2016). Effects of a job crafting intervention program on work engagement among Japanese employees: A pretest-posttest study. *BMC Psychology, 4*, 1-9.

Schien, E. H.. (1970). *Organizational Psychology* (3rd ed.) Prentice-Hall.（松井賚夫訳『組織心理学』岩波新書，1981年）

Sekiguchi, T., Li, J., & Hosomi, M. (2017). Predicting job crafting from the socially embedded perspective: The interactive effect of job autonomy, social skill, and employee status. *The Journal of Applied Behavioral Science, 53*(4), 470-497.

Slemp, G. R., & Vella-Brodrick, D. A. (2013). The Job Crafting Questionnaire: A new scale to measure the extent to which employees engage in job crafting. *International Journal of wellbeing, 3*(2), 126-146.

Sonnentag, S. (2015). Dynamics of well-being. *Annual Review of Organizational Psychology and Organizational Behavior, 2*, 261-293.

Spector, P. E. (1985). Higher‐order need strength as a moderator of the job scope-employee outcome relationship: A meta-analysis. *Journal of Occupational Psychology, 58*(2), 119-127.

Staw, B. M., & Boettger, R. D. (1990). Task revision: A neglected form of work performance. *Academy of Management Journal, 33*(3), 534-559.

Sun, L. Y., Aryee, S., & Law, K. S. (2007). High-performance human resource practices, citizenship behavior, and organizational performance: A relational perspective. *Academy of Management Journal, 50*(3), 558-577.

Takeuchi, R., Lepak, D. P., Wang, H., & Takeuchi, K. (2007). An empirical examination of the mechanisms mediating between high-performance work systems and the performance of Japanese organizations. *Journal of Applied Psychology, 92*(4), 1069-1083.

Taylor, F. (1911). *Scientific management.* New York: Harper. (中谷彪・中谷愛・中谷謙 訳『科学的管理法の諸原理』晃洋書房, 2009年)

Thomas, K. W., & Velthouse, B. A. (1990). Cognitive elements of empowerment: An "interpretive" model of intrinsic task motivation. *Academy of Management Review, 15*(4), 666-681.

Tims, M., & Bakker, A. B. (2010). Job crafting: Towards a new model of individual job redesign. *Journal of Industrial Psychology, 36*(2), 1-9.

Tims, M., Bakker, A. B., & Derks, D. (2012). Development and validation of the job crafting scale. *Journal of Vocational Behavior, 80*(1), 173-186.

Tims, M., B. Bakker, A., & Derks, D. (2014). Daily job crafting and the self-efficacy performance relationship. *Journal of Managerial Psychology, 29*(5), 490-507.

Tims, M., Twemlow, M., & Fong, C. Y. M. (2022). A state-of-the-art overview of job-crafting research: current trends and future research directions. *Career Development International, 27*(1), 54-78.

Tugade, M. M., & Fredrickson, B. L. (2004). Resilient individuals use positive emotions to bounce back from negative emotional experiences. *Journal of Personality and Social Psychology, 86*(2), 320-333.

Van den Heuvel, M., Demerouti, E., & Peeters, M. C. (2015). The job crafting intervention: Effects on job resources, self-efficacy, and affective well-being. *Journal of Occupational and Organizational Psychology, 88*(3), 511-532.

Van Vianen, A. E. (2018). Person-environment fit: A review of its basic tenets. *Annual

Review of Organizational Psychology and Organizational Behavior, 5, 75-101.

Vogel, R. M., Rodell, J. B., & Lynch, J. W. (2016). Engaged and productive misfits: How job crafting and leisure activity mitigate the negative effects of value incongruence. *Academy of Management Journal, 59*(5), 1561-1584.

Wang, H., Demerouti, E., & Bakker, A. B. (2016). A review of job-crafting research: The role of leader behaviors in cultivating successful job crafters. *Proactivity at Work*, 95-122.

Wang, H. J., Demerouti, E., & Le Blanc, P. (2017). Transformational leadership, adaptability, and job crafting: The moderating role of organizational identification. *Journal of Vocational Behavior, 100*, 185-195.

Wang, H., Li, P., & Chen, S. (2020). The impact of social factors on job crafting: A meta-analysis and review. *International Journal of Environmental Research and Public Health, 17*(21), 8016.

Warr, P. (1987). *Work, unemployment, and mental health*. Oxford University Press.

Warr, P. (1994). A conceptual framework for the study of work and mental health. *Work & Stress, 8*(2), 84-97.

Watson, D., Clark, L. A., & Tellegen, A. (1988). Development and validation of brief measures of positive and negative affect: the PANAS scales. *Journal of Personality and Social Psychology, 54*(6), 1063-1070.

Wayne, S. J., Shore, L. M., & Liden, R. C. (1997). Perceived organizational support and leader-member exchange: A social exchange perspective. *Academy of Management journal, 40*(1), 82-111.

Wright, P. M., & Boswell, W. R. (2002). Desegregating HRM: A review and synthesis of micro and macro human resource management research. *Journal of Management, 28*(3), 247-276.

Wrzesniewski, A., Berg, J. M., & Dutton, J. E. (2010). Turn the job you have into the job you want. *Harvard Business Review, 88*(6), 114-117

Wrzesniewski, A., & Dutton, J. E. (2001). Crafting a job: Revisioning employees as active crafters of their work. *Academy of Management Review, 26*(2), 179-201.

Xanthopoulou, D., Bakker, A. B., Demerouti, E., & Schaufeli, W. B. (2009). Work engagement and financial returns: A diary study on the role of job and personal resources.

Journal of Occupational and Organizational Psychology, 82(1), 183-200.

Zhang, F., & Parker, S. K. (2019). Reorienting job crafting research: A hierarchical structure of job crafting concepts and integrative review. *Journal of Organizational Behavior, 40*(2), 126-146.

浅海典子（2006）『女性事務職のキャリア拡大と職場組織』日本経済評論社。

荒木淳子（2019）「雇用形態の異なる社員が協働する職場のマネジメント：上司のインクルーシブ・リーダーシップに着目して」『産業能率大学紀要』39(2)，41-53。

石山恒貴（2018）『越境的学習のメカニズム：実践共同体を往還しキャリア構築するナレッジ・ブローカーの実像』福村出版。

大谷和大・岡田涼・中谷素之・伊藤崇達（2016）「学級における社会的目標構造と学習動機づけの関連：友人との相互学習を媒介したモデルの検討」『教育心理学研究』64(4)，477-491。

金井壽宏（1982）「職務再設計の動機的効果についての組織論的考察」『経営学・会計学・商学研究年報』28，103-245。

金井壽宏（1991）『変革型ミドルの探求：戦略・革新志向の管理者行動』白桃書房。

金井壽宏・高橋潔（2008）「組織理論における感情の意義」『組織科学』41(4)，1-15。

川上憲人・小林由佳（2015）『ポジティブメンタルヘルス：いきいき職場づくりへのアプローチ』培風館。

川人潤子・大塚泰正・甲斐田幸佐・中田光紀（2012）「日本語版 The Positive and Negative Affect Schedule（PANAS）20項目の信頼性と妥当性の検討」『広島大学心理学研究』11，225-240。

岸田泰則（2022）『シニアと職場をつなぐ：ジョブ・クラフティングの実践』学分社。

熊沢誠（1989）『日本的経営の明暗』筑摩書房。

小山健太（2023）「高度外国人材のジョブ・クラフティングとインクルーシブ・リーダーシップ」高尾義明・森永雄太編著（2023）『ジョブ・クラフティング：仕事の自律的再創造に向けた理論的・実践的アプローチ』白桃書房，269-289。

坂爪洋美（2020）「管理職の役割の変化とその課題：文献レビューによる検討」『日本労働研究雑誌』725，4-18。

坂爪洋美・高村静（2020）『管理職の役割』中央経済社。

佐藤徳・安田朝子（2001）「日本語版 PANAS の作成」『性格心理学研究』9(2)，138-139。

島津明人（2022）『新版ワーク・エンゲージメント』労働調査会。

清水裕士（2014）『個と集団のマルチレベル分析』ナカニシヤ出版。

清水裕士（2016）「フリーの統計分析ソフト HAD：機能の紹介と統計学習・教育，研究実践における利用方法の提案」『メディア・情報・コミュニケーション研究』1，59-73。

鈴木竜太（2013）『関わりあう職場のマネジメント』有斐閣。

田尾雅夫（1987）『仕事の革新』白桃書房。

高尾義明（2020）「ジョブ・クラフティングの思想：Wrzesniewski and Dutton（2001）再訪に基づいた今後のジョブ・クラフティング研究への示唆」『経営哲学』17(2)，2-16。

高尾義明（2021）『「ジョブ・クラフティング」で始めよう：働きがい改革・自分発！』日本生産性本部生産性労働情報センター。

高尾義明・森永雄太（2023）「ジョブ・クラフティング研究の現在地」高尾義明・森永雄太編（2023）『ジョブ・クラフティング：仕事の自律的再創造に向けた理論的・実践的アプローチ』白桃書房。

高橋潔（2022）「リモートワークにとってモバイル環境より大切なこと」高橋潔・加藤俊彦編『リモートワークを科学する I【調査分析編】：データで示す日本企業の課題と対策』白桃書房。

髙本真寛（2015）「コーピング行使が翌日の感情へ及ぼす影響に関する日誌法による検討」『心理学研究』86(1)，10-20。

髙本真寛（2017）「コーピングの選択と効果の個人差を規定する要因の検討」『教育心理学研究』65(1)，52-63。

鄭有希・竹内規彦・竹内倫和（2011）「人材開発施策が従業員の職務態度に与える影響過程：個人 - 環境適合の媒介効果とキャリア計画の調整効果」『日本経営学会誌』27，41-54。

野中郁次郎・勝見明（2015）『全員経営：自律分散イノベーション企業成功の本質』日本経済新聞出版社。

野中郁次郎・竹内弘高（1996）『知識創造企業』東洋経済新報社。

野中郁次郎・米倉誠一郎（1984）「グループ・ダイナミクスのイノベーション：組織学習としての JK 活動」『商学研究』25，3-38。

平野光俊（2006）『日本型人事管理：進化型の発生プロセスと機能性』中央経済社。

福島文二郎（2010）『ディズニーの教え方』中経出版。

松下将章・麓仁美・森永雄太（2022）「インクルーシブ・リーダーシップが上司に対する
援助要請意図に与える影響のメカニズム：職場の心理的安全と仕事の要求度を含む調整
媒介効果の検討」『日本労働研究雑誌』745，82-94。

森永雄太（2009）「ジョブ・クラフティングモデルに関する実証的検討」『六甲台論集』56
（2），63-79。

森永雄太（2010）『組織における動機づけ戦略：自己調整の観点から』神戸大学大学院経
営学研究科博士論文。

森永雄太（2023）「ジョブ・クラフティングを続けるための周囲の支援」高尾義明・森永
雄太編（2023）『ジョブ・クラフティング：仕事の自律的再創造に向けた理論的・実践
的アプローチ』白桃書房，104-119。

森永雄太・鈴木竜太・三矢裕（2016）「従業員によるジョブ・クラフティングがもたらす
動機づけ効果：職務自律性との関係に注目して」『日本労務学会誌』16（2），20-35。

森永雄太・服部泰宏・麓仁美・鈴木竜太（2012）「相互依存的な職務設計と動機づけの関
係」『組織科学』46（2），64-74。

宮島健（2018）「残業規範知覚と意見表明との関係における心理的安全風土の調整効果」
『組織科学』52（2），4-17。

守島基博（2021）『全員戦略化：戦略人材不足と組織力開発』日本経済新聞出版。

山下充・小川慎一（2022）「産業構造の変化と働き方」『日本労働研究雑誌』743，4-16。

横内陳正（2023）「ジョブ・クラフティングがもたらす職業性ストレス研究の新たな展
開：ジョブと従業員に関する理論的前提に着目して」高尾義明・森永雄太編（2023）
『ジョブ・クラフティング：仕事の自律的再創造に向けた理論的・実践的アプローチ』
白桃書房，77-102。

吉田寿夫（2018）『本当にわかりやすい すごく大切なことが書いてある ちょっと進んだ
心に関わる 統計的研究法の本 III』北大路書房。

主 要 事 項 索 引

著者略歴

森永雄太（もりなが・ゆうた）

上智大学経済学部教授

神戸大学大学院経営学研究科博士後期課程修了。博士（経営学）。立教大学助教、武蔵大学経済学部准教授、教授を経て、2023年9月より現職。専門は組織行動論、経営管理論。

主著に『ウェルビーイング経営の考え方と進め方：健康経営の新展開』（労働新聞社）、『ジョブ・クラフティング：仕事の自律的再創造に向けた理論的・実践的アプローチ』（白桃書房）など。

「職場のダイバーシティが協力志向的モチベーションを向上させるメカニズム」（共著）にて2019年度日本経営学会賞（論文部門）、「チームによる健康増進活動は従業員のウェルビーイングを高めるか」にて2019年度日本労務学会研究奨励賞などを受賞。

ジョブ・クラフティングのマネジメント

2023年10月1日 初版第1刷発行

著　者　　森永雄太

発行者　　千倉成示

発行所　　株式会社 千倉書房
　　　　　〒104-0031 東京都中央区京橋3丁目7番1号
　　　　　電話 03-3528-6901（代表）
　　　　　https://www.chikura.co.jp/

印刷・製本　藤原印刷株式会社

©MORINAGA Yuta 2023 Printed in Japan〈検印省略〉
ISBN 978-4-8051-1301-1 C3034

乱丁・落丁本はお取り替えいたします